Stephan de Vogel

Neue Gedichte über Fußball und andere Dinge, den Sinn des Lebens betreffend

Oder: Eine Chronologie in Worten – Über das Leben und Leiden mit dem FC St. Pauli...

2. Auflage Dezember 2018 Taschenbuchformat

© by Stephan de Vogel
Herstellung und Verlag:
BoD- Books on Demand, Norderstedt
Bildrecht für das Foto auf dem Cover und auf
Seite 275: Christian de Vogel

Kontaktadresse: StdeVo1@aol.com

Etwas noch nie Dagewesenes auf meinem Weg: St. Pauli und ich sind beide ziemlich am Ende. Fast zeitgleich starten wir, um wieder unten raus zu kommen. St. Pauli mit einem neuen Trainer (seit dem 07. Dezember 2017) und ich mit meinem neuen Coach (seit dem 27. November 2017). St. Pauli will gewinnen (möglichst viele Spiele), und ich will verlieren (möglichst viel Gewicht). Und wo wir beide landen werden, weiß ich noch lange nicht...

Jedenfalls geht es um Punkte. Mein Lieblingsverein will so viel Punkte wie möglich, um oben in der Tabelle zu landen. Ich will das eher nicht, denn zu viele WeightWatchers-Punkte bedeuten auch zu viel Gewicht.

Im Sommer 2018 sind wir viel schlauer und wissen, wie die Sache für uns beide ausgegangen ist. Bis dahin wird sich die Art meiner Gedichte etwas verändern. Kann man Gedichte schreiben, in denen es gleichzeitig um den Fußball und das Abnehmen geht? Wir werden es sehen...

26. November 2017
Greuther Fürth gegen den FC St. Pauli 4:0
01. Dezember 2017
Arminia Bielefeld gegen den FC St. Pauli 5:0

Der Zyklus beginnt...

Start: 01.12.2017, Pauli hat es schwer, und ist nur noch 2 Punkte vom Relegationsplatz entfernt, ich *bin* schwer und schon über die 100 Kilo hinaus, also quasi schon in der Abstiegszone...

Dezember 2017:

Meine Abnahme liegt zwischen minus 1,5 und minus 2,9 Kilo. St. Pauli pendelt in der Tabelle zwischen den Plätzen 10 und 14.

02.12.2017

Verlieren

Verlieren, so was
muss man können
Wie bei Olympia
rückwärts rennen

Im Verlieren
sind wir die Besten,
im Süden, Norden,
Osten, Westen

Keiner kann das
so gut wie wir
Und Pauli-Fans
trinken mehr Bier
Und haben auf Fußball
kaum noch Lust,
denn Pauli-Gucken
bringt echt Frust

Die armen Fans...

Fans haben nicht so die Geduld -
Fast immer ist der Trainer schuld
Egal, wie es jetzt weiter geht,
für Pauli ist es nie zu spät:

Der beste Club auf dieser Welt,
~~Und jeder Spieler ist ein Held~~
der jetzt in sich zusammenfällt
Der Fußball, der ist schaurig,
das macht die Fans so traurig

Bonjour Tristesse St. Pauli

Manchmal fällt
auch mir nichts ein
Wir waren groß,
jetzt sind wir klein

Kein Selbstvertrauen
und kein Mumm
bringt keine Punkte,
das ist dumm

Es geht abwärts,
immer schneller,
und das Richtung
Tabellenkeller

Was uns aber
nicht entsetzt,
denn die Hoffnung
stirbt zuletzt

(Wie sagt dazu
mein Kumpel Dirk:
aber sie stirbt!)

Rumpelfußball

Wär St. Pauli
ein Essen,
dann wäre
es Fraß,
schlechter noch
als Mittelmaß

Am 07. Dezember kam dann ein neuer Trainer:

Kauczinski

Ein neuer Trainer ist jetzt da,
ist Paulis Zukunft wunderbar?
Ohne Grund für Fan-Beschwerden?

Ja!

Denn schlechter kann es ja kaum werden!

St. Pauli gegen MSV Duisburg 2:2 (ich war im Stadion dabei).

Wenn ein Spieler totale Scheiße baut, und er durch eigene Dummheit die Rote Karte bekommt, und der sichere Sieg dadurch noch zu einem Unentschieden wird, dann darf ich das auch in einem Gedicht verwursten...

St. Pauli gegen Duisburg 2:2
Oder: Voll abgeloost / Bouhaddouz

St. Pauli ist echt kult,
doch heut hat *einer* Schuld

Voll abgeloost:
Der Bouhaddouz

Aber Schwamm drüber:

Vom Ergebnis krieg ich nen Krampf,
doch Pauli kann ja Abstiegskampf...

Niemand siegt am Millerntor (der St. Pauli heißt...)

Heut war es kalt,
so dass ich fror,
und niemand siegt
am Millerntor

Zumindest nicht
<u>unser</u> Verein,
und das ist wirklich
echt zum Schreien

Zu Hause spielen wir
meistens schlecht,
das ist voll kacke,
aber echt

Doch trotzdem bin ich
fast zufrieden:
Zumindest gab's
ein Unentschieden

Ich hab zwar
fürchterlich gefroren,
aber wir haben
nicht verloren

Ganz unten
(war das nicht von Günther Wallraff?)

Mal wieder sind wir
ganz weit unten
Die Aufstiegsträume
sind verschwunden

Nicht weit entfernt:
Rote Laterne
(Die hat man
auf St. Pauli gerne..)

Was aber <u>für</u>
St. Pauli spricht:
Tot sind wir
noch lange nicht

Ein Spiel mit Kampf,
2 Pauli-Toren
Nur ein Punkt, aber
nicht verloren!

Kalt

Ein Glühwein wärmt
von innen auf,
doch oft ist es
der Spielverlauf,
der einen nicht
von innen wärmt,
egal wie die
Tribüne lärmt

Ein neuer Trainer
ist jetzt da
Wir hoffen, er macht
Wunder wahr

Jetzt sind wir
immer noch weit unten,
die Lösung ist
noch nicht gefunden
(Und Glühwein-Wärme
ist verschwunden)

Fettes Pfund

Ich weiß ja, dass ich zu viel klage,
und morgen muss ich auf die Waage
Zum spielerischen Missgeschick
kommt noch hinzu: Ich bin zu dick

Versuch bei Spielen nicht viel zu saufen,
doch dann müssten die besser laufen
Pauli und ich bekommen es hin,
sonst krieg ich noch ein Doppelkinn
Eins tu ich leider oft vergessen:
Ich sollte echt nicht so viel fressen

Werd sehen, was morgen
die Stunde schlägt,
und ob die Waage
mich noch trägt,
oder ob sie
gar zerbricht
unter meinem
Schwerstgewicht

Motivationsgedicht

Was soll ich dazu sagen?
Ich tu mich nicht beklagen:
1/8 habe ich geschafft
und ich fühle viel mehr Kraft

Hab viel Gesundes
auf dem Teller,
und ich beweg mich
schon viel schneller

Das alles macht
mich ziemlich froh,
und deshalb:
Weiter so!

Weiter so

Hast dich schon etwas
freigeschwommen,
und noch ein bisschen
abgenommen
Du bist noch lange
nicht am Ziel,
und kämpfen musst du
noch sehr viel

Aber du
wirst es erreichen,
und du wirst nicht
die Segel streichen
Nicht zu verlieren,
ist fast wie siegen:
Mal reicht dir auch
ein Unentschieden

Schwer?

Noch bin ich
ein Schwergewicht
Ob man mir's ansieht?
Eher nicht!

Ich denk nur noch
von Spiel zu Spiel,
aber vergesse
nie mein Ziel

Das Ziel (montags)
ist die Waage,
ich hoffe, dass ich
dann nie klage

Und wenn ich's mir
recht überleg,
ist das Ziel
ja auch der Weg

Wichtig ist es,
loszugehen,
und dann danach?
Ich werd es sehen

Damit mach ich
vieles richtig,
und der Weg,
der Weg ist wichtig!

12.12.2017

In einem Jahr...

In einem Jahr
da bin ich schlank,
und hol Klamotten
aus dem Schrank,
die ich jetzt könnt
zum Platzen bringen,
tät meinen Body
ich reinzwingen

In einem Jahr,
wo sind wir dann,
mein FC
und ich?
Was ich dazu
nur sagen kann:
Ich weiß es
wirklich nicht!

Glaube

Glaube an dich selbst,
und auch an dein Ziel,
der Weg, den du
noch vor dir hast,
ist länger als der Nil
(das sagt dir dein Gefühl)

Gehst du auch mal
durch Dunkelheit,
und erlebst eine
finstere Zeit:

Verliere deinen
Glauben nicht,
und Finsternis,
sie wird zu Licht

Und du läufst
nicht mehr davon,
denn du machst weiter,
also: Walk on

Walk on
with hope in your heart -
Jeder Morgen:
Ein neuer Start!

14.12.2017

Auf den Punkt gebracht

Auch heute wieder:
Punkte zählen,
und der Tag,
er ist noch lang
Aber das
kann mich nicht quälen,
abends weiß ich,
dass er gelang

Was auch zwischen
den Zeilen steht:
Wenn auch mal was
daneben geht,
was solls,
dann ist das eben so,
allein der Weg,
der macht mich froh

Ein neuer Tag,
ein neues Spiel,
und es hat
jetzt begonnen
Weil du was tust,
wenn auch nicht viel,
hast du auch
schon gewonnen

16

Bald kommt dann
noch der Sport dazu,
ich fang wieder
mit Laufen an
Ein wenig leichter
wird's nicht so schwer
Du hast ein Ziel,
und du kommst an

Und wenn du
Rad fährst,
schwimmst und läufst,
und zusätzlich
nicht so viel säufst,
dann wird wirklich
alles gut,
also verlier nicht
deinen Mut

Platzverweis

So ein Scheiß-Platzverweis!

Gerade hab ich
Rot gesehn,
das war überhaupt
nicht schön
Der rennt auf
meinen Kasten zu -
ein Gegner, also
nicht per du -

17

Und ich steh ihm dann
wohl im Weg
Was daraus wird,
ist wirklich schräg:

Der Typ, der rennt
voll in mich rein,
und fängt an,
fürchterlich zu schreien
Liegt auf dem Boden
und rührt sich kaum,
als hätte ich
ihn umgehaun

Der Schiedsrichter
fällt darauf rein,
kennt keine Gnade,
kein Verzeihen
So werde ich
vom Platz gestellt -
So viel Unrecht
auf der Welt

Mit Torhütern
kann man's ja machen,
wir haben meistens
nichts zu lachen
Und böse ist
unser Erwachen:

Beim nächsten Spiel
da setz ich aus,
als Zuschauer,
ich halt's nicht aus!

Torwart-Schicksal

Heut haben wir
das Spiel vergeigt,
und sie, sie hat mir
Gelb gezeigt
Und das so völlig
ohne Sinn,
sag mir, wo kommen
wir denn hin?

Wenn wir unser
Spiel verlieren,
geht mir das tierisch
an die Nieren

Und meine Stimmung
ist versaut,
weil mir das
an der Seele kaut

Ich komm nach Hause,
und, man staune:
Ich habe wirklich
schlechte Laune

Und bin noch
tierisch angepisst,
als Torwart weißt du,
wie das ist

Und sie, sie nimmt
das voll persönlich,
das jetzt *auch* noch,
und da stöhn ich

Damit wir zwei
nicht so viel leiden
(ne Rote Karte?
Bloß vermeiden!),
lade ich sie
zum Essen ein,
und bitte sie,
mir zu verzeihn

Ein Torwart ist ein armer Hund,
und er bleibt eher ganz gesund,
wenn er oft so spielt wie ein Held,
und Frust, falls nicht, für sich behält

15.12.2017

On Fire

Endlich, das Feuer
ist entfacht -
Ich hab mich auf
den Weg gemacht

Wichtig ist auf'm Platz

Gerade warn
2 Wochen Pause
Heut wieder kicken,
bin noch zu Hause

Heut werde ich
das Tor verrammeln,
und nebenbei
Aktivpoints sammeln

Es geht wieder
in die Halle,
zum ersten Mal
seit letztem Herbst -
Seit Sommer wieder
Bälle halten,
das ist voll geil
und zwar derbst

Wegen ner
Verletzungspause
blieb ich ewig
lang zu Hause,
konnte nicht mehr
in den Kasten,
das war blödes
Fußball-Fasten

Ein halbes Jahr nun
auf dem Posten,
so wunderbar
zwischen den Pfosten
Lass ich auch mal
nen Ball herein,
woanders will ich
gar nicht sein

16.12.2017

**You better call Ghost Busters
(nein, nicht ganz...): <u>Weight Watchers</u>**

Du warst zwar gestern
noch was Saufen,
aber das Spiel
ist gut gelaufen

Dies Wochenende
hast du frei
von der
Punktezählerei

Denn du willst auch
Spaghetti essen
(und das Programm
nicht ganz vergessen)

Du bist trotzdem
gut am Start,
denn dazu gibt es
auch Salat

Und du wirst deinen
Körper trimmen,
endlich einmal
wieder schwimmen

Das Wochenende
ist nicht verloren,
denn du hast dir
was geschworen:

Tust du auch mal
mit Punkten prassen,
den Weg wirst du
nicht mehr verlassen!

Hallen-Comeback

Ein gutes Spiel
mit vielen Toren
du hast gewonnen
und auch verloren

Du spieltest gut
(auf beiden Seiten),
den Sieg kann dir
keiner bestreiten

Altherren-Fußball (nach dem Kicken)

Alle sind jetzt
laut am Stöhnen
Alle sind
total erschöpft
Wir haben gekämpft
wie Störtebeker,
jetzt fühlen wir uns
wie geköpft

Wir sind alle
alte Recken,
Kämpfer halt
aus einem Guss
Nach dem Spiel -
beim Italiener -
ist das Pils
dann ein Genuss

Doch das Aufstehen
fällt schon schwerer,
die Muskeln brennen
wie verrückt
Es ist halt wieder
Freitagabend,
und freitags ist
Altherrenkick

FC St. Pauli gegen Rechts

Die Fans
beiderlei Geschlechts
sind bei St. Pauli
gegen Rechts

Nicht nur zum Schwimmen
fahre ich gleich,
geht auch um Pauli
im 3. Reich

Die Ausstellung im Stadion
ziehe ich mir rein,
das gibt's fast nur beim FC
dem geilsten Verein

AfD, Pegida und co,
ihr habt alle nen Schatten,
tut so, als wärt ihr Demokraten,
doch seid nur Nazi-Ratten!

Abgeloost II (Bouhaddouz jetzt nicht, sondern ich)

Mit Schwimmen
wird das heut nix mehr,
denn meine Beine
sind zu schwer

Meine Knie
tun furchtbar weh,
und angeschwollen
ist der Zeh

Ich weiß genau,
während ich klage:
dazu bin ich
nicht in der Lage

Ein Torhüter -
nicht zart gebaut -
kann trotzdem nicht
aus seiner Haut

Er leidet oft,
er leidet sehr,
also wird das
heut nix mehr

Stattdessen spring ich
gleich aufs Rad
und radel Richtung
Innenstadt
(Doch trotzdem bin ich
völlig platt)

Der Sportplan ist
nicht aufgehoben,
er wird nur erst
einmal verschoben...

FC St. Pauli im Dritten Reich

Der FC St. Pauli
das Dritte Reich,
mir ist so schlecht,
ich kotze gleich

Hab solche Bilder
oft gesehen,
und ich werde
es nie verstehen:

Wie blöd im Kopf
muss man nur sein,
dass man wird
ein Nazischwein
oder auch „nur"
ein Rassist,
was ja schon fast
dasselbe ist

Krank im Kopf,
blutleer im Hirn,
ein Hohlraum nur
hinter der Stirn

Kraft durch Freude
ist mir ein Graus,
da sag ich lieber
Nazis raus

Wer nichts aus
der Geschichte lernt
und seine
Menschlichkeit entfernt,
den kann und will
ich nicht verstehen
und nicht in
meiner Nähe sehen

Ich bin so stolz
auf meinen FC
wie er heute ist
Hier ham Faschos
nichts zu suchen,
mit ihrem Kopf voll Mist
Ohne Liebe, voller Hass
und ständig angepisst

17.12.2017

Am Millerntor

Das Millerntor
macht niemals Pause
Am Milerntor
sind wir zu Hause

Hier ist
unser Stadion
Vorm Schlusspfiff geht
keiner davon

Auf St. Pauli
der heiligste Ort
Das ist echt wahr,
du hast mein Wort!

Mögen wir auch unten
in der Tabelle sein,
wir sind der
bestmögliche Verein

Jeder Zuschauer
ein Schatz,
für Rassisten
ist kein Platz

Kein Ort für die
Durchgeknallten,
die Stadionordnung
wird eingehalten

Wer sich im Stadion
beschissen verhält,
der wird hier
vom Platz gestellt

Refugees welcome
wird hier verstanden,
Diskriminierung
ist nicht vorhanden

Meistens sind
wir tolerant,
nur nicht bei Nazis
mit ohne Verstand

Love St. Pauli – Hate Fascism

Wo ich einst
mein Herz verlor,
das war hier,
am Millerntor

Das ist echt einfach
zu beschreiben:
Hier bin ich
und hier will ich bleiben

Der schönste Platz
auf dieser Welt,
der mir als
Pauli-Fan gefällt,
ist natürlich
beim FC,
bei Sonne, Regen
oder Schnee

Ich fühl mich wie hier geboren,
ob nun gewonnen oder verloren,
so was ist Komplett egal,
und von der Stimmung her neutral

Es geht nicht nur um Fußball,
es geht um noch viel mehr,
deshalb kommen alle
immer wieder her

Es ist wie in Utopia,
einer besseren Welt -
im Stadion ist sie ganz nah,
auch, wenn mal kein Tor fällt

Die Stadionordnung
wurde hier geboren,
Arschlöcher haben
bei uns verloren
Denn wer hier echt
unrockbar ist,
sich besser einfach
mal verpisst

Alptraum

Das ist jetzt
nicht so das Tolle,
denn ich schlafe
und ich rolle

Ich liege hier
in meinem Bett,
und träume,
ich sei furchtbar fett

Die Punkte,
die im Traum mich quälen,
zwingen mich,
sie auch zu zählen
Allmählich fürchte
ich mich sehr,
denn sie werden
immer mehr

Im Traum, da werd ich
immer fetter,
und weit und breit
ist da kein Retter
(nicht einmal ein fetter Retter)

Die Punkte beginnen,
mich einzukesseln,
und sind dabei,
mich auch zu fesseln

Ich seh aus wie
ein fettes Schwein,
und ich fühl
mich so allein

Der Alptraum ist
plötzlich vorbei,
ich werde wach,
ich fühl mich frei

Im Hier und Jetzt
nun angekommen,
und fast 3 Kilo
abgenommen

Da ist zwar noch
ne Menge Speck,
doch ich bin trotzdem
hin und weg

Quo Vadis St. Pauli?

Es scheint die Sonne,
der Himmel ist heiter,
doch ich, ich frag mich,
wie geht es weiter?

Denn das Elend
kam zurück,
erst war es Pech,
und dann kein Glück

Wie wird es
morgen Abend sein?
Ist es dann wieder mal
zum Weinen?

Hört die Talfahrt
endlich auf?
Sind wir dann endlich
besser drauf?

Können wir wieder
Fußball spielen? -
Verlorener Traum,
einer von vielen

Nach dem Spiel
ist Winterpause -
Gehn die Fans dann
frustriert nach Hause?

Oder vielleicht
endlich die Wende,
die Pechsträhne,
sie ist zu Ende

Ich kann noch träumen,
ich hab's begriffen,
noch ist das Spiel
nicht angepfiffen

Alles kann ja
noch passieren,
wir können gewinnen
statt zu verlieren

Da hab ich einen
kleinen Traum:
Ein Heimsieg
für den Weihnachtsbaum...

Die Stadionordnung gilt auch draußen...

Ihr könnt mich alle
gerne hassen,
doch dies Gedicht
konnt ich nicht lassen

Und ich sag's gern
allen Leuten
St. Pauli *hat*
was zu bedeuten:

Das Anti-G20-Gedicht
Gewidmet dem unbekannten vermummten Randalierer im FC St. Pauli-Totenkopfpullover

Erst wirfst du dich
in Schale
und dann
machst du Randale

Du stehst da
im St. Pauli-Dress
und machst im
Schanzenviertel Stress

Zum Denken bist du
nicht imstande -
Für Pauli bist du
eine Schande!

Du glaubst, jetzt machst du
alles richtig
Du fühlst dich stark
und furchtbar wichtig
Aber eins
verstehst du nicht:
Wichtig, hey,
das kommt von Wicht

Ob du ein Fan bist,
weiß ich nicht,
St. Pauli, das
verstehst du nicht

Das Ende vom Gedicht
ist schroff,
zu dir sag ich nur noch:
FUCK OFF!

Ein Tag vor dem letzten Spiel des Jahres

Alle anderen
haben gespielt,
und wer für
St. Pauli fühlt,
kann jetzt seine
Nerven spüren,
die seine
Fanseele berühren

So schnell kann's
im Leben gehen:
Von der 15
auf die 10
Wir müssen morgen
nur gewinnen,
und so dem
Abstiegssog entrinnen

Dem Fußballgott
schick ich mein Flehen:
Ich will uns
als Sieger sehen

Und hab ich weiter
abgespeckt,
dann ist das
Weihnachtsfest perfekt,
denn morgen muss ich
ohne Frage
abends wieder
auf die Waage

Matchday (18.12.2017)

Heute ist
das große Spiel,
und da schreibe
ich nicht viel

Ich will nur
ein gutes Spiel,
das ist doch wirklich
gar nicht viel

Dazu natürlich
einen Sieg,
ich hoffe, dass ich
den auch krieg

Das alles wär
für mich genug,
jetzt ist die Mannschaft
mal am Zug:

Auf die Tabelle
einfach scheißen,
und sich im Spiel
total zerreißen

Richtig kämpfen,
alles geben,
damit könnt ich
heute leben...

Zum 3. Mal in Folge:
Ohne Klage auf die Waage

Der Wochenschwund:
Ein ganzes Pfund
Quasi 3 Kilo
in 3 Wochen,
und meine Power:
Ungebrochen

Ich bin noch immer
in der Spur,
und ich frag mich:
Wie machst du's nur?

St. Pauli : Bochum (2:1)
Oder: 3 Punkte

Es war dreckig,
es war laut,
Bochum noch
den Tag versaut

Pauli steht jetzt
auf Platz 10,
so kann es gerne
weitergehen

Mein Geburtstag
ist gerettet,
darauf hätt ich
nicht gewettet,
denn Geburtstag
hab ich morgen,
und das ohne
St. Pauli-Sorgen

Die Rote Laterne
in weiter Ferne,
Pauli, so hab ich
das gerne!

19.12.2017

Winterpause

Winterpause
ist ab heute,
Bochum war
ne leichte Beute,
denn Pauli spielte
unverkrampft,
wir können eben
Abstiegskampf

St. Pauli und ich
im Zeichen der 3
3 Punkte, 3 Kilo,
da sind wir dabei

Die Spieler gehen
in die verdiente Pause,
müssen nicht spielen,
bleiben zu Hause

Oder verreisen
in den Süden,
die Pauli-Fans,
die sind zufrieden

Für mich geht die
Saison noch weiter,
denn Pause machen
kann ich nicht
Darf mein Saisonziel
nicht verfehlen
und muss weiter
die Punkte zählen

Andere träumen
nur von Sex,
ich aber träume
von der Sechs
6 Kilo sind
ein großes Ziel,
aber dafür geb ich viel

In fast 3 Wochen
geht es erst weiter
mit Abnehm-Treffen
ich bleibe heiter,
denn ich glaube
auch an mich,
und verlieren
kann ich nicht!

Zusammen im Wettkampf-Modus

Und so kämpfen
wir um Punkte,
ich will wenig,
St. Pauli viel
Egal, wo wir
im Sommer landen,
dann erreichen
wir ein Ziel

In der Tabelle
ganz weit oben,
dazu noch leichter
und auch schlank,
das wir die Zukunft
nicht erkennen,
ist ein Segen,
Gott sei Dank!

Und so müssen wir
nicht grübeln,
kämpfen nur
für unser Ziel
Alleine, dass wir
ein Ziel haben,
ist schon
unermesslich viel

Neustart

Ich hab Geburtstag,
bin leicht betrunken,
doch das Niveau
ist nicht gesunken:

Ich weiß genau,
das nächste Jahr,
das wird ganz einfach
wunderbar

Ich bin so froh,
das zu erleben,
denn manchmal kann es
Wunder geben...

Die Wahrheit liegt auf dem Platz

Junge halt
die Füße still,
mach hier nicht
so'n Rabbatz -
Die Wahrheit,
ja , so ist es halt im Leben,
die liegt auf dem Platz

Mal kriegst du
die gelbe Karte,
das kann ganz
schnell geschehn,
und mal machts du
so ne Scheiße,
da musst du Rot für sehn

Das Leben ist
kein Fußballspiel,
wär ja auch viel zu kurz
Doch vieles ist ähnlich,
glaube mir,
und das ist gar nicht schnurz

Das Leben ist auch
oft viel schlimmer,
mit Platzverweisen,
und die für immer

Drum gehe in dich,
immer mehr,
denk an den Fußball,
und spiel fair

Und schießt du einmal
ganz viel Tore,
liegt das vielleicht
auch an Amore

Die hilft wirklich
echt enorm,
hält einen im Spiel
und auch in Form
Sie dauert länger
als 90 Minuten,
und lässt das Herz
dir überfluten...

Auf dem Platz

Ein wirklich
schöner Satz:
Auf dem
Fußballplatz

Hier bist du glücklich
wie ein Scheich,
und alles ist
im grünen Bereich

So lang das Spiel läuft
leuchtet die Welt,
alle Sorgen
sind abbestellt

Auf dem Platz,
da lebt das Glück,
im Spiel, da willst du
nicht zurück
Zurück in eine
doofe Welt,
wo man sich nicht
an Regeln hält

Hier ist es anders,
hier ist es fair,
zur Not gibt's gelbe Karten,
und darauf, in der Außenwelt,
kannst du echt lange warten

Und nach dem Spiel
ist alles easy
und man gibt sich
die Hand,
egal wie giftig
auf dem Platz
die Luft noch
hat gebrannt

Darum soll's
immer Fußball geben,
er ist oft besser
als das Leben

Doch eins will ich
nicht übersehen:
Das Leben, das ist
trotzdem schön!

21.12.2017

WeightWatchers / Ghost Busters

Du wachst morgens auf
und du fühlst dich schwer,
wen brauchst du jetzt?
WeightWatchers

Dann gehst du
auf die Waage,
du denkst,
ich kann nicht mehr
Wen brauchst du jetzt?
WeightWatchers

Du bist nicht zu dick,
du bist wirklich schick
Du glaubst nicht an dich,
doch bald ändert es sich

Und dann gehst du hin,
mit deinem Doppelkinn,
sie helfen dir:
WeightWatchers

Aus Moll wird
plötzlich Dur,
du kommst
in die Spur
Wo gehst du hin?
WeightWatchers

Ich bin nicht nur
mein Gesicht,
und ich bin nicht
viel zu dick
Ich steh wieder auf mich,
und ich fürchte mich nicht!

Ich seh da
einen Sinn,
deshalb geh ich
wieder hin
Gut, dass es sie gibt:
WeightWatchers

Anpfiff / Kickoff

Der Ball ist rund,
und das Spiel dauert 90 Minuten -
In der Theorie
Aber im Spiel des Lebens...

Ein neuer Tag,
ein neues Spiel,
du wachst auf
bist noch ohne Ziel

Kaum bist du
aus dem Bett gehüpft,
fängt das Spiel an
zu laufen
und du stehst wieder
auf dem Platz,
musst keine
Tickets kaufen

Das Leben -
wie ein Fußballspiel,
mit Verlieren
und Gewinnen,
und bist du
ein guter Kicker,
kannst du
vielem entrinnen

Mal läuft's ganz gut,
du bist zufrieden,
das heißt, es gibt
ein Unentschieden

Mal ist das Leben
wie ein Krampf,
und du steckst voll
im Abstiegskampf

Mal fühlt sich's an
wie neugeboren,
und kein Spiel,
geht mehr verloren

Doch wichtig ist echt,
ohne Stuss,
dass du im Spiel
noch bleiben musst

Dankbarkeit

Dankbarkeit,
für die Zeit,
die einem
gegeben ist

Dankbarkeit
für das Leid,
das man später
nicht vermisst,
aber trotzdem
übersteht,
weil das Leben
weitergeht

Und sie tut mir
gar nicht leid,
meine große
Dankbarkeit
Vieles hab ich
schon erreicht,
und das war
nicht immer leicht

Ich weiß genau,
ich habe noch
jede Menge Kraft,
doch ganz alleine
hätte ich
das doch nie geschafft

St. Pauli, das braucht
seine Fans,
du brauchst im Leben
Helping Hands

Ohne andere
bist du nichts -
und bist du
noch so reich,
denn denk dran
und vergesse nicht:
Wir sind alle gleich

Manch einer hat
nen großen Pinsel,
manch einer hat
sehr viel Talent,
doch ist ein Leben
völlig sinnlos,
wenn man allein ausbrennt
Und in seinem
reichen Leben
keine Freunde kennt

Frohes Fest

Ich wünsch dir wirklich
nicht die Pest,
ich wünsche dir
ein Frohes Fest!

Und dass das meiste
dir gelingt
und Freude in dein
Leben bringt

Dass die Liebe
dich erleuchtet,
und deine Augen
auch mal befeuchtet

Dass du ein Herz hast
mit viel Feuer,
und es nicht absetzt
von der Steuer

Dass du sie besserst,
diese Welt,
dass dir das Leben
gut gefällt

Dass du verschont wirst
von zu viel Pech,
und dass das Schlechte
bleibt von dir wech

Dass du es es liebst,
das eigene Leben
Dass du es gern tust:
Mit Freude geben

Dass du, wenn du
nen Spiegel siehst,
nie denken musst:
Was für ein Biest

Ich proste dir zu,
wir trinken ein Bier,
vor allem eines,
wünsch ich dir:
Ganz viel Sonne im Herzen,
auch, wenn's friert oder schneit
Und ne tolle
Weihnachtszeit

Das letzte Foul

Er bewegte
sich nicht mehr,
das letzte Foul,
das war nicht fair

Als Torwart gab er
immer alles,
starb wegen eines
Unglücksfalles

Er sah sich da unten
am Boden liegen
Und dachte: „Scheiße,
wir waren doch am Siegen"

Die Wahrnehmung,
die war verschoben,
denn alles sah er
jetzt von oben

Das hätte er
auch fast genossen,
doch dann wurde er
weggeschossen

Oben im Himmel,
ging's nicht so weiter,
„Du bist noch nicht dran",
hieß es dann heiter
von irgendwelchen Lichtgestalten -
„Du musst noch weiter Bälle halten!"

Der Schutzengel
trug ein Trikot,
den Torwart
wunderte das so
„Damit du mich
dann einst erkennst -
Wir zwei, wir sind
doch Fußballfans

Und jetzt, hey,
kannst du wieder lachen
und noch ganz viele
Spiele machen

In 30 Jahren
oder so,
kommst du dann wieder
und bist froh,
mit ein paar tausend
Spielen mehr
als es wohl jetzt
gewesen wär"

Was drosch der da
für blöde Phrasen?
Ein Sturz zurück,
und auf dem Rasen
konnte er seinen
Körper spüren
und Sanitäter,
die ihn berühren

Fast 5 Minuten
waren vergangen,
mit Wiederbelebung,
mit Hoffen und Bangen
Bis dann endlich
alles klar war,
und er am Leben
und wieder da war

Für alle war's
ein Riesenschreck,
der Keeper fast tot,
dann das Comeback

Der Schutzengel
stand bei den Rängen
zwischen Jubel
und Gesängen
Der Schutzengel,
war ziemlich klug,
wer spricht denn hier
von Wettbetrug?

Hatte Unmögliches gewettet,
und ein Kinderheim gerettet
Im Wettbüro der Unterwelt
gewann er eine Menge Geld

Das war ihm zwar so nicht erlaubt,
doch Wunder wirkt, wer *wirklich* glaubt!

25.12.2017

Weihnachtsgedicht (Weihnachtsgewicht)

Es ist wirklich
furchtbar schade,
fort ist die ganze
Schokolade

Ein ganz klein wenig
tut es stressen:
Ich habe viel zu viel
gefressen,
das Punkte-Zählen
auch vergessen

Klar, dass ich
auch Fehler mach,
noch bin ich einfach
viel zu schwach,
Versuchungen zu
widerstehen,
ich muss auf neuen
Wegen gehen

Darum am
1. Weihnachtstag
hab ich beschlossen:
Ich bin stark,
und dass ich
auch nicht verzage,
ich stelle mich
auf meine Waage

Und das Ergebnis,
das ich seh,
das ist doch
relativ OK:

Paar hundert Gramm
sind es wohl mehr,
gut, das ist wohl
ziemlich fair

Bin leicht vom
Wege abgewichen,
und Fehler haben sich
eingeschlichen
Von Fehlern bin ich
halt nicht frei,
doch ich bin
immer noch dabei!

27.12.2017

Auszeit / Timeout

Ein paar Gramm
haben sich eingeschlichen
Ich bin vom Wege
abgewichen
Hab mich wohl
Weihnachten verfahren
mit meinem Ess-
und Trinkgebahren

Aber, das war
so beschlossen:
Ich hab das Ganze
auch genossen

Und mit dem Sport
hab ich begonnen,
das heißt, ich hab
auch was gewonnen

Und aufgeben,
das werde ich nicht,
ich seh nach vorn
mit Zuversicht
Ich schreibe hier zwar
manchen Quark,
aber ich bin
trotzdem stark

Jetzt bin ich auf
dem Weg zurück
Aber ich suche
nicht das Glück,
denn das hab ich
längst gefunden

Und ich will auch
nicht zurück,
und das nicht mal
für Sekunden

Und ich weiß, das neue Jahr,
das *wird* ganz einfach wunderbar,
die Ziele sind nicht in Gefahr!

Zwischen den Jahren

Hab mich verfahren
zwischen den Jahren,
bin leicht
vom Wege abgewichen,
an Punkten glatt
vorbeigeschlichen

Am Samstagmorgen
wird's wieder ernst,
das ist, damit
du auch was lernst
Denn da trifft sich
zur frühen Stunde
zum Wiegen die
WeightWatchers-Runde

Dann geht es fast
von vorne los,
ein kleines Ziel
ist erst mal groß:

Drei Kilo,
und ist *das* geschafft,
hast du für
höhere Ziele Kraft

Und heute gehst du
erst mal schwimmen,
also ist alles
nicht so schlimm

Saisonvorbereitung

Der Sommer ist
noch sehr weit fort,
aber ich mache
wieder Sport

Mit Riesenschritten
klappt es nicht,
das kann nur schiefgehen,
glaube ich,
aber ich mache
kleine Schritte,
und hoff, das ist
die goldene Mitte

Was wird das hier
bloß für ein Buch?
Bericht über nen
Selbstversuch?

Eine Doku
übers Scheitern? -
Oder das
Horizonterweitern?

Keine Ahnung,
das weiß ich nicht
Der Weg ist
noch sehr weit
Über diese ganzen Dinge
weiß ich nicht Bescheid

Ich weiß nur,
ich bin mittenmang,
und der Weg
ist noch sehr lang
Aber ich habe
das Gefühl:
Der Weg ist dabei
auch das Ziel!

28.12.2017

Sport ist Mord

Hab mich wirklich
viel bewegt
(Ich wusste kaum noch,
wie das geht)

War laufen, Radfahren
und auch schwimmen,
der Muskelkater
ist jetzt schlimm
Und morgen geht's
mit Fußball weiter,
mit schweren Armen,
die Schultern breiter

OK, ich merk es,
und zwar sehr:
Aller Anfang,
der ist schwer!

3 Tage noch

Drei Tage noch
das alte Jahr,
das gar nicht mal
so scheiße war
Eher noch
ganz gegenteilig,
und nie wurd es
dabei langweilig

Und wenn man
ein Fazit zieht,
und ganz entspannt
ins Gestern sieht,
ergibt auch alles
einen Sinn,
warum ich da bin,
wo ich bin

Das alte Jahr
ist fast zu Ende,
und ich bin mitten
in der Wende
Genau wie dieser
Kultverein,
langweilig soll's
bei uns nie sein

Bei uns geht's *immer*
in die Vollen,
egal, ob wir das
auch je wollen
Kein Abstieg -
Bei uns wie ein Sieg,
weil man so oft
auf's Mauli kriegt

Selten mal
ein ruhiges Jahr
Doch das bringt weiter,
ist doch klar

Das *nächste* Jahr
wird nicht so hart,
am Neujahrstag
stehen wir am Start

Und wenn man ganz fest
an sich glaubt,
sind Zweifel auch
nicht mehr erlaubt!

30.12.2017

Die schönste Nebensache der Welt

Jetzt zuck nicht
mit den Augenbrauen,
das Schönste auf der Welt
sind Frauen

Darum geht's
jetzt aber nicht
in diesem schönen,
kleinen Gedicht

Die schönste *Neben-*
sache der Welt:
Gestern auf dem
Fußballfeld...
Wenn wir uns
beim Kicken messen,
dabei die Welt
komplett vergessen

Zwei Teams, ein Ball
und noch zwei Tore,
ein Fußballplatz,
das ist Folklore
Wird's auch in
100 Jahren noch sein
Der Ball, der muss
ins Tor hinein

Und dann gibt's Leute
so wie mich,
die wollen so was
eher nicht
Stehen nicht auf
Gegners Fußballzauber
Und halten ihren
Kasten sauber

Ein Keeper singt
keine Balladen,
er macht eher
so Paraden
Und er will
alle Bälle halten,
sogar noch
die abgeprallten

Klar, dass er sich
nie verpisst,
wenn das Spiel noch
am Laufen ist

Gute Vorsätze (habe ich nicht!)

Zwei Tage noch
das alte Jahr
Die Aussichten
sind wunderbar

Von guten Vorsätzen
zu schreiben,
so etwas lass ich
lieber bleiben
Schnitzt du,
gibt es Sägespäne,
willst du was ändern,
machst du Pläne

Gute Vorsätze
sind fein,
doch man hält sie
meist nicht ein
Man muss, du kannst es
schon erahnen,
besser längerfristig planen

Du kannst über
dich selber lachen
Und lernst auch
durch das Fehlermachen
Und Fehler machst du
mit Herzblut
(Das kann nicht nur
St. Pauli gut)

Also, und jetzt
noch einmal:
Die Vorsätze
sind echt egal!
Denn wichtig ist
nur auf dem Platz,
und dafür gibt es
keinen Ersatz

Du musst wirklich
etwas ändern,
das Fett soll schmelzen
an den Rändern
Auch das gehört
zu deinem Glück:
Bald bist du gar nicht
mehr so dick!

Gras fressen (oder eher Sand...)

Ich huste gerade
vor mich hin,
hoff, dass ich
nicht erkältet bin
Es könnte auch
am Kicken liegen
(Vielleicht der Preis jetzt
für das Siegen)

Und, ich darf das
nicht vergessen:
Ich habe zu viel
Sand gefressen
Der Grandplatz,
der ist völlig staubig,
das kann den Husten
fördern, glaub ich

Naja, ich fühl mich
echt nicht krank,
bis auf den Husten,
Gott sei Dank

Die Kehle, die ist
total trocken,
deshalb werd ich
heut noch rocken
Astra kommt da
sehr gelegen,
und es fragt nicht:
Was dagegen?

Und ist der Husten
morgen weg,
war Astra
Heilmittel zum Zweck
Für die Gesundung
find ich Trost
und sage mir
ein paar Mal *prost*

Silvester

Du blickst zurück
auf dieses Jahr,
das gar nicht mal
so schlecht jetzt war

Es gab Werden
und Vergehen,
und sehr vieles
ist geschehen

Es gab Gutes,
sogar sehr viel,
das bringt dich näher
an dein Ziel

Die Pause hast du
auch genossen,
das alte Jahr
wird noch begossen

Morgen fängt
das neue an,
und zieht dich dann
in seinen Bann

Du hast schon
sehr viel geschafft
Und du hast in dir
diese Kraft,
die dich immer
weiter bringt,
so dass das meiste
auch gelingt

Heute fließt
noch etwas Sekt,
Silvester, er
am besten schmeckt
Ab morgen,
wenn das Neujahr wartet,
wird dann richtig
durchgestartet

2018,
das ist klar,
das wird absolut
dein Jahr!

Letzte Worte 2017

Zu Ende ist das Jahr
noch nicht
Und hier entsteht noch
ein Gedicht

Ich freue mich
aufs nächste Jahr
Die Aussichten
sind wunderbar,
denn ich habe
es erkannt:
Alles liegt
in meiner Hand

Was man so
nicht schreiben darf:
Abschied ist
ein schweres Schaf,
nein, das ist
total verkehrt
Abschied ist
ein scharfes Schwert

Du bist jetzt hier,
im Augenblick,
und schaust
noch einmal zurück

Abschied ist
ein scharfes Schwert -
Vieles war
total verkehrt
Vieles hast du
falsch gemacht
Und nicht richtig
nachgedacht

Doch du weißt,
das ist vorbei,
Vergangenes
ist einerlei

Du musst da
gar nicht überlegen
Du bist jetzt auf
den neuen Wegen,
die dich im Leben
weiterbringen,
und vieles wird
dir jetzt gelingen

Januar 2018

Das neue Jahr beginnt. St. Pauli kann sich langsam wieder etwas entspannen. Denn wir sind in der Tabelle nicht schlechter als Platz 10. Mir fällt auch schon einiges leichter, denn ich rutsche endlich unter die magische 100 Kilo-Grenze. Meine Abnahme im Januar 2018 steigt von minus 2,9 auf minus 4,9 Kilo.

01.01.2018

Frohes neues Jahr

Ich hab mich nicht mehr
so gequält,
und keine Punkte
mehr gezählt
Im neuen Jahr
jetzt angekommen:
Kein Kater
und nicht zugenommen

Heute geht es
wieder los,
und die Begeisterung
ist groß
Der Weg vor mir,
er ist frei,
und ich bin wieder
mit dabei

Jetzt werd ich wieder
neu beginnen,
und dabei kann ich
nur gewinnen

Ich werde nicht nur
meditieren,
ich werd auch viel
Gewicht verlieren
Wichtig ist,
an mich zu glauben,
und das kann mir
keiner rauben

Ich bin dies Jahr
dazu bereit:
In 6 Wochen
ist Fastenzeit
Dieses Jahr
hab ich ein Ziel:
Gewicht verlieren,
und zwar viel

Vielleicht in einem
halben Jahr
ist die Wampe
nicht mehr da
Das ist ein
frohes neues Jahr!

Das Fenster der Zukunft

Ein neuer Tag
in diesem Land,
und dazu auch
ein neues Jahr
Neuer Kalender
an der Wand,
das Bild darauf
ist wunderbar:

Das Fenster der Zukunft,
es steht offen,
doch man kann
nichts darin sehen
Das lässt auch auf die
Zukunft hoffen,
ich glaube, sie
wird wunderschön

Die Blätter fallen
vom Kalender,
während dabei
die Zeit vergeht,
und ich mich dabei
einfach änder,
ich glaube, es ist
nie zu spät!

Fußballwunder 2018

1. FC St. Pauli

Wir kommen
von ganz weit unten,
doch haben uns
jetzt gefunden

Wir rollen das Feld
von hinten auf,
und wir steigen
im Sommer auf

2. HSV

Wie immer wird es
wieder knapp,
doch sicher ist:
Wir steigen nicht ab

Wir haben Probleme
mit dem Siegen,
doch sind noch
niemals abgestiegen
Den einzigen Titel,
den wir jedes Jahr feiern,
das schaffen nicht
einmal die Bayern

3. Die Fußballnationalmannschaft

Auch wenn's den Spaniern
nicht gefällt:
Wir sind die Besten
auf der Welt

Brasilien, Frankreich,
wer auch immer, egal
Die anderen Länder
können uns mal

Und wenn sie auch
die Krätze kriegen,
im Endspiel
werden wir dann siegen

Wir sind dann die bösen Geister,
und zum Schluss sind *wir* Weltmeister

4. Der Amateurtorwart (also ich)

Dieses Jahr,
ihr werdet's sehen,
da werden Wunder
noch geschehen

Die Stürmer packt
reines Entsetzen:
Dies Jahr werd ich mich
nicht verletzen

Viel Tore werden sie
nicht erzielen,
denn dies Jahr
werd ich immer spielen

Weil ich leichter
und besser werde,
rufen die Angreifer
oft *Merde!*
Das alles ist ihnen
dann zuwider:
*Hat der denn
den Ball schon wieder?*

Ein volles Jahr
auf dem Fußballplatz,
für Träume gibt es
keinen Ersatz

Die Angreifer
sind sehr verstimmt,
ich bin es nicht,
wie man's halt nimmt

12 Monate
steh ich im Tor -
Ihnen kommt es
wie ein Alptraum vor

St. Pauli siegt
am Millerntor,
und tut es
immer wieder
Und ich verlier nicht
meinen Humor,
ja da legst
di nieder

Das heißt (so ein Martyrium):
Du fällst vor Überraschung um!

Wunder können geschehen

Die Tür zum Neujahr,
ist jetzt auf,
die Zukunft ist
noch offen

Das Leben, es nimmt
seinen Lauf,
man kann noch
alles hoffen

Vor uns noch fast
ein ganzes Jahr
mit allen
Möglichkeiten

Ob nun Frieden
oder Krieg,
ob Lieben
oder Streiten

Wenn überall
Wunder geschehn,
dann wird
2018 schön

Wie's wird,
wissen wir alle nicht,
aber es geht nicht
ohne dich!

Ob du mal weinst,
ob du mal lachst,
wenn du diese
Welt besser machst,
dann haben
wir gewonnen,
das Wunder
hat begonnen

Ein langer Weg beginnt
mit einem kleinen Schritt,
also sei doch mit dabei
und mach einfach mit

Es ist noch früh, das neue Jahr
ist gerade erst gestartet
Wir können noch jede Menge tun,
und die Zukunft wartet

Eines wird oft unterschätzt:
Unsere Hoffnung stirbt zuletzt

Ne andere Geschichte...

Seit einem Monat
schreib ich schon
hier meine
Gedichte
Wohin das alles
führen wird?
Ne andere
Geschichte...

Wie bei einem
Marathon
kämpf ich mich
durchs Gewühl,
und weiß nicht,
ob ich je ankomm,
so fern erscheint
das Ziel

Ob ich nun
ankomm, ist egal,
und eigentlich
nicht wichtig,
aber dass ich
weiterkämpfe,
das ist
genau richtig

Und jetzt einmal
totaler Stuss:
*Abgerechnet
wird zum Schluss*
Nein das wird es
sicher nicht,
denn der Weg
bringt mir das Licht

Jeder Tag
ist ein Gewinn
Solange ich
auf Kurs noch bin,
solang bin
ich im Spiel,
und ich weiß
mit Sicherheit:
Der Weg ist noch das Ziel

Der Spielverderber

Das Spiel ist
wieder angepfiffen
Ihr mögt mich nicht,
ich hab's begriffen
Mit Nachgeschmack,
für euch ein herber,
denn ich bin
euer Spielverderber

Das Ziel des Lebens
ist viel Amore -
Das Ziel des Fußballs:
viele Tore

Aber das könnte
euch so passen,
die Bälle werd ich
nicht reinlassen
Bei mir könnt ihr
euch nicht entfalten,
eure Schüsse
werd ich halten

Es ist viel später,
das Spiel zu Ende,
und wir geben
uns die Hände

Jetzt sind wir nicht mehr
so besessen,
was noch im Spiel war,
ist vergessen

Ein Torwart, der
nicht oft verliert,
wird von den
Gegnern respektiert,
aber sehr selten
auch geliebt,
ich weiß, dass es
Schlimmeres gibt

Mit am Schönsten
auf der Welt
ist es auf
dem Fußballfeld
Ein Torwart macht zwar
auch mal Pause,
aber dann
ist er zu Hause...

Wieder auf dem Platz

Morgen geht es
wieder los,
und die Freude,
die ist groß

Freitag ist,
das find ich schick,
wieder mal
Altherrenkick

Das Wichtigste
auf dieser Welt
ist dann auf
dem Fußballfeld
Und auf dem Platz
ist für 2 Stunden
alles andere
verschwunden

Uns dann erreichen?
Es ist vergebens,
denn uns erfreut
der Sinn des Lebens,
wobei es sich
um Spannung dreht,
denn man weiß nie
wie es ausgeht

Die Handlung ist
nie festgeschrieben,
das ist, warum
wir Fußball lieben

Wenn's losgeht, steht
auch niemals fest,
wer siegreich bald
den Platz verlässt

Dafür lebe ich – Fußball wie er heute war...

Die Arbeitswoche
war beschissen,
das Spiel hat
alles rausgerissen
Darauf hätt ich
nie gewettet:
Die Woche, die ist
jetzt gerettet

Nur gekämpft,
alles gegeben,
als ginge es
ums Überleben
War eins der
besten Spiele je,
was ich wirklich
selten seh

Läuft's auch mal scheiße
in deinem Leben,
der Fußball kann
dir alles geben
Und er kann,
da kannst du wetten,
dir auch deine
Stimmung retten

Ein Tag wie heute,
der ist heilig -
Ich war daran
nicht unbeteiligt

Aber ich seh's
eher bescheiden
Im Tor da muss ich
meistens leiden,
denn Tore fallen
eigentlich immer,
nur wenn ich schlecht spiel,
ist das schlimmer

Für Tage wie heute,
da lebe ich,
ich schwöre es, Leute:
Ich lüge nicht!

06.01.2018

„The day after..."

Kann meine Arme
kaum bewegen,
die Beine, die sind
tonnenschwer
Doch ich seh Sonne,
keinen Regen,
Fühl mich wie an
nem Tag am Meer

Heute wird
ein guter Tag,
was immer er
auch bringen mag

Ich weiß, der Tag,
er wird gelingen,
und man kann mich
zu nichts zwingen
Als Torhüter,
da bin ich frei,
der Rest, der ist
mir einerlei

Ob Niederlage
oder Sieg,
stets steh ich
in der Kritik
Und das geht immer
tierisch schnell,
deshalb hab ich
ein dickes Fell

Die ersten Spiele
dieses Jahr,
sie waren
einfach wunderbar

St. Pauli und ich
sind noch im Rennen,
und wir werden
niemals flennen,
wenn wir dabei
auch mal verlieren -
Was soll *uns*
denn schon passieren?

Es gibt immer wieder Leute,
egal ob gestern oder heute,
die uns den Erfolg nicht gönnen,
denn wir tun alles, was wir können,
und die Neider sind uns egal,
und die können uns alle mal

Punkte und Kilos,
und das Schritt für Schritt
Ich lege vor,
und St. Pauli kommt mit
Und dann im Sommer,
ich darf ja noch träumen,
und will den Sommer
auch nicht versäumen,
da ist St. Pauli aufgestiegen
und ich bin viel leichter beim Wiegen

Wenn die Rückrunde weitergeht,
dann glaubt ihr nicht, was ihr da seht:
St. Pauli spielt nur noch weltklasse,
und ich verliere ganz viel Masse

Und jetzt wieder,
die Gegenwart:
Anfang des Jahres,
der Weg ist hart
Ich sitze hier
an meinem PC
und mir tun echt
die Arme weh

Ich kann meinen
Körper straffen
Und ich weiß,
ich werd es schaffen

Wie gestern muss ich
<u>alles</u> geben,
dann werd das Wunder
ich erleben

Niemand kann
Pauli besiegen,
im Sommer sind
wir aufgestiegen
Und im Sommer
bin ich schlank,
und dann sage ich
Gott sei Dank!

Das neue Land ist unbekannt

Das Jahr hat
52 Wochen,
die erste davon
ist fast um
Hab's Punktezählen
nicht abgebrochen,
das wäre ja auch
ziemlich dumm

Der Montag,
einer dieser Tage,
der steht morgen
wieder an
Ich hoffe, dass
ich es ertrage,
denn mit Wiegen
bin ich dran

Die erste Woche
war nicht schlecht,
hab kaum geschummelt
(also echt...!)
Hab wieder viel
Salat gegessen,
und mich auch
kaum mal überfressen

Was ich hier mach,
ist ziemlich schräg,
wie dichtend auf
dem Jakobsweg
Dies ist hier
eine lange Reise,
bin nicht mehr laut,
bin eher leise

War schon in vielen
fernen Ländern,
und weiß, ich werd
mich sehr verändern
Bin jetzt in einem neuen Land,
und das ist völlig unbekannt
Ich will nicht meine Chance verpassen,
und hoff, ich werd es nicht verlassen

Neue Wege

Neue Wege -
seit 6 Wochen,
und ich hab's
nicht abgebrochen
Morgen geht es
wieder los,
und meine Hoffnung,
die ist groß

3 Kilo weg
oder auch mehr?
Das zu glauben,
fällt mir schwer
Die Wahrheit,
sie kommt dann zutage,
wenn ich mich stelle
(auf die Waage)

Und wenn's wieder
etwas mehr ist,
was vielleicht
wohl eher fair ist,
kann ich das
auch überstehn,
ich kann das große
Ganze sehen

Eines wird
mir gerade klar,
und das finde ich
wunderbar:
Bin nicht mehr so
wie vor 6 Wochen,
damit mein ich
nicht nur das Kochen

Es geht kaum
noch etwas schief
Und ich bin
tierisch kreativ

Ich fühl mich wie
am Millerntor,
und ich kann schreiben
wie nie zuvor

Noch korpulent,
doch konsequent
Jetzt schon ein frühes
Happy End

08.01.2018

Die erste Woche

Die erste Woche
ist vergangen
Stillte mit Wasser
oft den Durst,
hab mich nach
Weihnachten gefangen
Und ich bin
wieder auf Kurs

Bin leichter
als vor 7 Tagen,
und das heißt,
ich kann nicht klagen
Das wollte ich
nur kurz mal sagen

Gehalten!

Du lehnst dich jetzt
einmal zurück,
und was du spürst,
das ist wohl Glück

Du hast schon manches
Ding verkackt,
manch Niederlage
eingesackt

Und wenn du
deine Nerven fühlst,
dann kann es sein,
dass du schlecht spielst,
und ganz allein
das Spiel vergeigst,
das kommt dann,
wenn du Nerven zeigst

Doch grad ist eine
gute Zeit,
du kannst dich
frei entfalten,
du kannst dein Leben,
wie du willst,
ganz einfach
neu gestalten

Die schlechten Zeiten,
die sind fort,
gibt's für nen Torwart
ein schöneres Wort
als das Wort
gehalten?

In der Pause
freigeschwommen
und kein bisschen
zugenommen
Fast minus 3 jetzt,
immer noch,
du steckst nicht
in nem tiefen Loch

Nun geht die Sache
richtig los
Und deine Chancen,
die sind groß!

Optimismus

Lerne zu schätzen, was du hast,
bevor die Zeit dich lehrt,
zu schätzen, was du hattest
(Verfasser unbekannt)

In diesem Sinne:

Du bist schon eine Weile fort
von deinen alten Wegen
Optimismus – Nur ein Wort?
Er kommt nicht ungelegen

Du packst deine Sachen an,
ohne groß nachzudenken,
denkst, deine Zweifel, deine Sorgen
kannst du dir einfach schenken

Morgens geht die Sonne auf,
abends geht sie unter,
gestern war gestern,
viel besser drauf,
kriegt dich keiner runter

Du weißt nicht,
was der Morgen bringt,
du weißt nicht,
ob der Tag gelingt

Du weißt nur,
du glaubst fest an dich,
und Zweifel?
Nein, die hast du nicht!

Dein Glas, das ist
meistens halbvoll,
selten noch
halbleer
Und das ist wirklich
ziemlich toll
Sag, was willst
du mehr?

10.01.2018

Mitten im Winter

Mitten im Winter
ging es los,
und deine Hoffnung,
die war groß

Lässt dich von Zweifeln
nicht unterjochen
Nein, du bist einfach
aufgebrochen

Du schreibst am Fließband
die Gedichte -
Das ist ne andere Geschichte

Du bist noch
voller Zuversicht
und kümmerst dich
um dein Gewicht
Versuchst es stets
mit Achtsamkeit
und ohne
Selbstzufriedenheit

Jetzt klopfst du
drei Mal auf Holz,
wenn alles gut läuft,
bist du stolz
Ab und zu
packt dich die Wehmut
und du stehst da,
bist voller Demut

Dies Jahr wird
wie ein Marathon
mit immer besserer
Kondition
Und du, du machst
dich nicht davon,
denn dein Ziel,
das kennst du schon

Am Ende des Regenbogens
steht ein Eimer voll Gold
Am Ende des Regenbogens...
Und du hast ihn auch gewollt

Auf der Suche nach dem Glück

Auf der Suche
nach dem Glück,
es geht voran
und nicht zurück
Ist auch der Bauch
noch nicht verschwunden,
das Glück, das hab ich
längst gefunden

Jeder ist seines
Glückes Schmied,
aber nicht jeder hat
ein schmuckes.. ähm

Was war *das* denn?
Keine Ahnung,
der Reim war nicht so
in der Planung,
aber ist auch
nicht so wichtig
Der Kurs, der ist
noch immer richtig

Das neue Jahr – Mittendrin statt nur dabei

Heute ist
das neue Jahr
ganz anders
als es früher war
Früher warst du
nicht aktiv,
und es ging
jede Menge schief

Aber, zum Glück
hast du erkannt:
Dein Leben liegt
in deiner Hand
Und natürlich
auch dein Glück
Schau nach vorn,
schau nicht zurück

So ein Spruch wie der
hing damals aus den Ohren:
Wer kämpft, der kann verlieren,
wer nicht kämpft, hat verloren

Doch dieser Spruch,
der ist so wahr,
zum Glück hast
du's erkannt

Jetzt machst du
deine Träume wahr
und bist
im Wunderland

In diesem neuen
schönen Jahr
machst du
deine Träume wahr
Und solltest du dann
mal verlieren,
ist es wirklich
gar nicht schlimm:

Wer kämpft kann auch verlieren
Doch wenn er hinfällt, nimmt er's hin
und macht ganz einfach weiter
Und wenn's nicht gut läuft,
scheißt er drauf
und bleibt im Herzen heiter

Licht und Schatten

Was wir heute
beim Kicken hatten,
das war Licht
und das war Schatten

Die Füße waren
fast eingefroren,
wir haben trotzdem
nicht verloren

Aber dann,
beim 2. Spiel
war's mit dem Glück
dann nicht so viel
Wir haben richtig
stark begonnen,
aber dann
doch nicht gewonnen

Zwei Mal wars
in diesem Fall:
Ich kam zwar noch
fast an den Ball,
wurde dann aber
ausgespielt,
und der Ball ins
Tor gezielt

Warum schieb ich
keinen Frust,
und habe noch
auf Fußball Lust?
Die Niederlage
lässt mich kalt,
es ist halt so:
Ich bin schon alt

Und ist einer Jahrzehnte jünger,
dann spielt er mich ganz locker aus
Er wie ne Pflanze voller Dünger,
und ich? Mir werden die Haare kraus,
die paar Haare, die ich noch hab,
deshalb haben wir verloren, knapp

Er hat allein
das Spiel entschieden,
und ich bin
eigentlich zufrieden...

15.01.2018

Wieder Montagmorgen

Es ist noch früh,
es ist nicht spät,
und wieder die
Nervosität

Ist es die
perfekte Welle?
Die Waage ist
wie die Tabelle,
weil sie wohl
nicht lügen kann,
und du siehst sie
nur montags an

Und deine Sicht
ist nicht verschwommen -
Hab ich jetzt
wieder zugenommen?
Das fragst du dich,
leicht gequält,
weil montags nur
die Waage zählt

Jetzt bist du schlauer
und fühlst dich besser:
Das Gewicht
es ging nach unten
Es ist für dich
ein großer Stresser,
Erlösung hast du
heut gefunden

3 ½ Kilo
sind geschafft,
heute gab's
den ersten Stern
Du fühlst dich glücklich,
voller Kraft,
so hast du die
Weight Watchers gern...

Fühl mich wie
von nem andern Stern
Und hoff, dass ich
noch ganz viel lern

Auf Kurs

3 ½ Kilo
in 7 Wochen
genauer sind's
3,4

Das Spiel, das kann ich
nur gewinnen,
weil ich hier viel
Gewicht verlier

Mein Leben,
und auch ich,
sind wieder
voll auf Kurs
Und die Ernährung
ist gesünder:
Fisch und Salat
statt Wurst

(*Ich ess Blumen,
denn Tiere tun mir leid...* / Die Ärzte)

Ein Gedicht -
wie von den Ärzten -
Die Ähnlichkeit
kann ich verschmerzen

Sie ist versteckt,
ich sehe sie,
und das ist die
Selbstironie

Jeder Tag ein neues Glück
Und es geht weiter,
Stück für Stück,
weit hinter mir,
da liegt die Wende,
ich bin noch lange
nicht am Ende

Weshalb ich auch
Gewicht verlier,
ich trinke nicht mehr
so viel Bier,
und hab oft
auf was andres Durst,
wie gesagt:
Noch voll auf Kurs

17.01.2018

Das Leben ist schön

Ich hoff, du hast es
schon gesehn:
Das Leben, wirklich,
das ist schön

Und du hast es
auch begriffen:
Es wird jeden Tag
neu angepfiffen

Jeden Tag
ein neues Spiel,
also sag nicht:
Das ist nicht viel

Du kannst weinen
oder lachen,
kannst aus jedem Tag
was machen

Oder du lässt es
einfach bleiben,
denn du musst
nicht übertreiben

Und bist du
nicht stets besoffen,
stehen dir fast
alle Türen offen

Jetzt hast du es
auch gesehen:
Das Leben, das ist
wirklich schön

Und verlier nicht deinen Mut,
denn, ich schwör: Alles wird gut!

Winterzeit

Bist du bereit
für Winterzeit?

Draußen ist es kalt,
mal fühlst du dich so alt,
mal fühlst du dich so dick,
was für ein Missgeschick

Der Sommer liegt
in weiter Ferne,
und Frühling hättest
du jetzt gerne,
weil sich manchmal
nichts bewegt
auf deinem langen
weiten Weg

Das schöne an
der Winterzeit:
Sie ist auch mal vorbei
Und du machst weiter,
bist unentwegt
beim Abspecken dabei

Niemand sagt:
Geh weg, du Speck!
Niemand sieht's dir an,
was dich im
Innersten bewegt,
und du bleibst
weiter dran

Wie Marathon,
kurz nach dem Start,
noch ist nicht
viel geschafft,
die Strecke ist
noch weit und lang,
doch dafür reicht
die Kraft

Das Wichtigste ist
nie aufgeben,
auch wenn die
Füße Schmerzen
Läufst du auch mal
mit halber Kraft,
du läufst mit
ganzem Herzen!

Kein verlorenes Wochenende

Du warst noch nie
ein alter Spießer,
du warst schon immer
ein Genießer
Und das ist auch
dein Hauptproblem,
dein dicker Bauch:
Genuss-Ekzem

Würdest du
nicht so genießen,
würden nicht
die Pfunde sprießen
Um mit dem Stress
dich zu versöhnen,
tust du mit Essen
dich verwöhnen

Überstunden,
10-Stunden-Tag,
Dinge, die
kein Mensch so mag,
haben dich aus der
Bahn gekickt,
du hast gefressen
wie verrückt

Jetzt bei der Arbeit
sehr viel geschafft,
du steckst noch immer
voller Kraft

Bist auf der Suche
nach den Gründen,
und du vergibst dir
deine Sünden
Bist übers Ziel
hinausgeschossen,
aber du
hast es genossen

Und, geb es zu,
dich quält die Frage:
Was sagt am Montag
meine Waage?

22.01.2018

„Nur" 200 Gramm

200 Gramm
am Montagmorgen,
das heißt auf Kurs,
kein Grund für Sorgen

Du kannst jetzt sagen:
Das ist nicht viel

Und das ist
so ein mieses Spiel,
aber da bist du
nicht im Recht,
denn das ist wirklich
gar nicht schlecht

3 ½ Kilo
locker gehalten,
dabei hast du
voll abgelost
Die letzte Woche
hat dich gespalten,
du weißt genau,
was du so tust

Aber, das ist
besonders wichtig:
Das meiste, was du tust,
ist richtig
Auch, wenn man
fast nichts sehen kann:
Schritt für Schritt
geht es voran

Vielleicht im Sommer
aufgestiegen?
Du musst dich noch
gewöhnen ans Siegen

In drei Tagen, das ist
voll dein Ding,
steigt auch St. Pauli
in den Ring
Ihr kämpft zusammen,
Seite an Seite
Ihr seid zu stark
für eine Pleite!

Wow!!!

Was reimt sich denn
auf wow,
außer dem
HSV

Der HSV hat
grad verloren,
genauso wie
auch ich

Bei ihm, da war es
nur ein Spiel,
bei mir war's
das Gewicht

Die Fans, die sind
voll angepisst,
ich bin es
gerade nicht

Ich hab die Kilos
nicht vermisst,
und ich,
ich freue mich

Minus 4,9,
das tut mich so freuen
Das war jetzt echt
ein Quantensprung,
Frust nur in
der Erinnerung

Meine Freude,
die ist groß,
und jetzt geht es
erst richtig los
Das Ziel ist
nicht mehr ganz so fern,
und ich hab Zeit,
so hab ich's gern

Ich habe mich jetzt
freigeschwommen
und den Wettkampf
aufgenommen,
näher an den
Zielen ran,
und jetzt ist
St. Pauli dran:
3 Punkte, das ist unser Ziel,
und da verlang ich nicht zu viel...

Acht Wochen

Acht Wochen bist du
auf dem Trip,
die Stimmung ist
noch nicht gekippt

Du lebst ganz anders
als zuvor
Und Pause ist
am Millerntor

Es gibt viel Neues,
was du erfährst,
und gut ist, wie
du dich ernährst

Das nächste Ziel
steht auch schon da:
5 Kilo
(werden Wunder wahr?)
Und danach
kommt dann die 10,
das kann noch lange
weitergehen

Verändert hast du
deine Welt
und sie dir auf
den Kopf gestellt
Und das tust du
nun beinah täglich,
denn du weißt:
Alles ist möglich!

Die Reise ist
spirituell,
sie geht langsam
und nicht schnell
Du kannst an jedem
Ort verweilen,
und du musst
dich nie beeilen

Die Reise ist für dich
sehr viel,
und der Weg
ist auch das Ziel

24.01.2018

Power...

Manchmal wird es
dir zu viel,
das Leben wie
ein schlechtes Spiel

Manchmal killt das
dein Vertrauen,
und du bist wirklich
völlig down

Aber du weißt es,
du bist stark -
Du lässt dich
nicht besiegen -
Morgen kommt
ein neuer Tag,
lass dich nicht
unterkriegen

Mal bist du
auf dem letzten Platz
und wirklich ganz
weit unten
Für Stärke gibt es
keinen Ersatz,
auch nicht in
dunklen Stunden

St. Pauli kennt die
finstren Zeiten
und lotet aus
all ihre Weiten
Auch du kennst dich
damit gut aus,
deshalb kommst du
auch wieder raus

Wie bei *The Wrestler*
aufrecht stehen,
und zur Not
aufrecht untergehn

Das Leben ist
nicht immer schön,
du hast schon
sehr viel Leid gesehen,
doch trotzdem bleibst du
aufrecht stehen!

25.01.2018

Das Ende der Winterpause

Die Winterpause
ist jetzt vorbei,
heute geht's weiter,
ich bin noch dabei
Obwohl: Letzte Woche,
einfach nur Stress,
frag nicht, was ich
so trink und ess

Doch trotzdem
ist da noch mein Weg
nicht immer gerade,
manchmal schräg
Frag mich, wie soll
ich so was finden,

da trotzdem noch
die Kilos schwinden

Ich stell mir also
keine Frage,
die Wahrheit, die
liegt auf der Waage
In Dresden ist
heut wohl Rabbatz,
die Wahrheit liegt
auch auf dem Platz

Noch bin ich hier
allein der King,
heut steigt St. Pauli
in den Ring
Bis zum Sommer
stehen wir zusammen,
und der Platz
steht meist in Flammen

16 Spiele sind es noch
und alles ist noch drin,
ich träume gern, das kann ich noch,
weil ich auch manchmal spinn
16 Siege können wir schaffen,
dann steigen wir auch auf,
und ich bin 16 Kilo leichter,
und da steh ich drauf

Aber heute erst mal 3 Punkte...

Time Out – Auszeit

Es geht nicht mehr
Jetzt ist vorbei,
ich bin komplett
am Ende
Und ich kann
einfach nicht mehr,
falte schon fast
die Hände

Mein Akku ist
jetzt fast auf null,
und läuft nur
auf Reserve
Mein Glas ist zwar
noch immer full,
und ich hab
auch noch Verve

Ich fühl mich
innerlich entkernt,
aber ich hab
dazugelernt

Einen Arbeitstag,
den schaff ich noch,
und nach dem
Auswärtssieg,
weiß ich, ich falle
nicht ins Loch,
wenn ich viel
Ruhe krieg

Kein Fußball
werd ich morgen kriegen,
und ganz viel
auf dem Sofa liegen
Aber, zur Not,
da werd ich laut,
hab keinen Bock
auf nen Burnout

Da bin ich dann
mal selbst mein Heiler
Das Leben ist geil,
und wird noch geiler
Ab morgen von
mir umgepolt,
bin ich am Montag
dann erholt

Dresden : St. Pauli (1:3)
Auf dem Weg zum Ziel

Heut werd ich keinen
Fußball spielen
St. Pauli hat's
für mich gemacht
Auswärts ein Sieg
mit ganz viel Power,
das hätte ich nun
nicht gedacht

Jetzt sind wir beide
auf dem Weg,
der mal so
lang erschien,
und vor lauter
Dankbarkeit
rutsch ich fast
auf den Knien

Weil ich Zweifel
nicht ertrage,
war ich heut Morgen
auf der Waage
Obwohl die Woche
grausam war,
ist der Trend
noch immer klar:

5 ½ Kilo
sind es schon,
fühlt sich an wie
Relegation
St. Pauli
gegen HSV -
Und wer gewinnt das?
Ja, genau!

Oft ist das Leben
wie ein Traum,
und gar nichts
scheint mehr klar
Doch, wenn du deine
Träume lebst,
dann werden
Wünsche wahr

Ich verlang gar nicht mehr viel,
wir sind auf dem Weg zum Ziel...

27.01.2018

Endlich wieder fit

Im Hintergrund
Metallica,
und ich bin
endlich wieder da
Bin gerade eben
nonstop gelaufen,
fühlt sich an wie
Champagner saufen

Ne halbe Stunde fast
am Stück
Jetzt bin ich wirklich
ganz zurück

28.01.2018

St. Pauli : Darmstadt (0:1)
Heimspiel-Gefühl

Zu Hause wie
im Winterschlaf,
so was wird dann
auch bestraft

Wir haben wieder mal
verloren
Und ich bin
völlig durchgefroren

Die Abstiegsränge
wieder näher -
Ich mach mir jetzt
nen Pharisäer

Der Heimspielfluch
gilt nach wie vor,
denn niemand siegt
am Millerntor

Außer er heißt
nicht St. Pauli,
für diesen Reim
krieg ich aufs Mauli

Auswärts sind wir
fast immer toll,
zu Hause gibt's
die Hucke voll

Jetzt ist wieder
dicke Backe,
Heimspiele sind
einfach kacke

Ein paar der Spieler
sollen sich schämen,
ich mach jetzt weiter
mit Abnehmen

St. Pauli ist
noch nicht an Bord,
der Aufstieg ist
endgültig fort
Heute war
nicht alles schlecht,
trotzdem frustriert das,
aber echt...

Der Heimspiel-Fluch

Ich würd im Leben
nicht mehr froh,
hätte ich
kein Sky-Abo

Die Elbe gibt es,
auch die Neiße
Und Heimspiele
sind immer scheiße

Das Millerntor:
Ein rotes Tuch
Seit Jahren schon:
Der Heimspiel-Fluch

Auswärts sind wir
wie Weltmeister,
bei Heimspielen eher
zäh wie Kleister

Als Fan kann ich
mich nicht beschweren,
aber ich kann's
auch nicht erklären

Der beste Club
auf dieser Welt,
zu Hause oft
ins Koma fällt

Heimspiele wie
ne Darm-OP,
meistens tut es
dir danach weh

Auswärts sind wir
eine Macht,
unsere Spiele
eine Pracht

Zu Hause kann
man's kaum ansehen
Und überhaupt
nicht mehr verstehen

Fast jeder Gegner
wird hier fit,
und nimmt dann gern
drei Punkt mit

SHIT!!!

Eigentlich...

Eigentlich...
ein schöner Tag
Das Spiel, das war
totaler Quark

Torchancen gab es
noch und nöcher,
doch in die Luft
schossen wir Löcher
Nur das Tor
wurd nicht getroffen,
das macht so traurig
und betroffen

Man könnt den Sonntag
doch mal nutzen,
endlich mal wieder
Fenster putzen
Oder ein gutes
Buch mal lesen,
oder versacken
unterm Tresen

Aber nein, das nicht
stattdessen:
Fast frühmorgens
Mittagessen,
dann ins kalte
Stadion,
ein Kackspiel gucken,
Frustration

Abstiegskandidaten retten,
und sich voll den Tag versauen,
sich wieder an die Hoffnung ketten,
und an den Fingernägeln kauen

Aufsteigen, das
können wir vergessen,
der Abstieg ist
noch nicht gegessen
Am Sonntag, ja,
da wird dir schlecht,
du machst dir Sorgen,
und das zu Recht

Manchmal tut
die Frage weh:
Was soll nur werden
aus dem FC?

Selbstdisziplin

Ich habe ja noch
Zeit zu lernen,
obwohl, das tu ich
nicht so gern

Es ist Montag,
hab mir verziehn
Was ich nicht hab:
Selbstdisziplin

Wochenenden
ziehen mich runter,
dann Punkte zählen?
Da geh ich unter

Aber ich muss nicht
an mir leiden,
und bin jetzt
lieber mal bescheiden

Aufrecht stehen
und weitergehen
Ich muss mich nicht
immer verstehen

Zwei Monate nun
mit den Punkten
Mein Gewicht,
das ist gesunken

5 Kilo blieben
auf der Strecke,
und ich bin eine
Pauli-Zecke,
deshalb geht es
nicht ohne Bier,
wenn ich so doll
im Stadion frier

Etwas Demut
wäre gut
Ein wenig mehr
auf meinen Knien,
dann klappt's auch mit
Selbstdisziplin

Februar 2018

Ein Monat mit vielen Höhen und Tiefen: St. Pauli holt aus 4 Spielen 7 Punkte und klettert hoch auf Rang 9. Ich schaffe es, meine Gewichtsabnahme von minus 4,9 auf minus 7 Kilo zu steigern. Der Februar ist ein sehr emotionaler Monat...

02.02.2018

Durststrecke

Das ganze Leben
ist ein Test
Jetzt nach zwei
Wochen Dauerstress
trittst du etwas
auf der Stelle,
aber du machst da
keine Welle

Fühlst dich grad nicht
wie neugeboren,
St. Pauli, die haben
auch verloren
Der Stress, der tut dich
ziemlich quälen,
und nix ist mehr
mit Punktezählen

Du bist nicht mehr
so auf Trab,
und nimmst deshalb
auch nicht mehr ab,
aber, dafür muss man
dich loben:
Den Kopf behältst du
weiter oben

Du wählst nicht
plötzlich CDU,
und du nimmst
auch nicht wieder zu
Also bleib locker,
krieg keinen Schreck,
denn 5 Kilo,
die sind schon weg

Bald wirst du wieder
aufrecht stehen,
im Sturm, so wie
ein Kapitän
Und es wird wieder
weitergehen

Im Winter wird
auch mal gefroren,
mal wird gewonnen
und mal verloren...

Morgenrot

Der Akku ist
noch etwas leer,
doch: Keine schweren
Zeiten mehr

Die meiste Arbeit
ist geschafft,
du bist erledigt
und geschafft

Ein neuer Monat
hat begonnen,
die Träume sind
noch nicht zerronnen

Langsam geht
der ganze Speck,
5 Kilo sind
ja auch schon weg

10 bis 15
sollen noch weichen,
du weißt, du kannst
das auch erreichen

Zum Glück siehst du
die Sache locker,
und ab und zu
bist du ein Zocker:

Am Wochenende
zu viel Wein,
dann schläfst du
auf dem Sofa ein

Doch trinkst du eher
wie ein Mädel
und hast am Morgen
keinen Schädel

Du hast alles
voll im Griff,
du bist der Käpt'n
auf dem Schiff

Du bist jetzt schon
voller Dank,
und im Sommer
bist du schlank

Keine 100 Kilo mehr

Du gibst es zu:
Du warst zu schwer
Jetzt keine
100 Kilo mehr

2 Monate
im Abstiegskampf,
du stehst noch immer
voller Dampf

Erst war alles
furchtbar schwer,
und unter dir
das tiefe Meer

Doch jetzt, da wird
das Wasser seicht,
denn du hast schon
ganz viel erreicht

Schwer nehmen tust du
das Ganze nicht,
hier fast das
100. Gedicht

Noch ist es kalt,
du spürst den Winter,
ein Fragezeichen
steht dahinter

Du weißt nicht,
ob du's wirklich schaffst,
auch wenn du deine
Schultern straffst

Und täglich grüßt
das Murmeltier
(gestern war es
wieder hier)
Aber es sah nicht
seinen Schatten,
obwohl wir sehr viel
Sonne hatten

Du brauchst dich
für nichts zu schämen,
den Glauben kann dir
keiner nehmen
Du glaubst an dich
und deine Kraft
Im Sommer hast du
es geschafft!

Abstiegskrampf
Heidenheim : St. Pauli (3:1)

Ich war dabei
(bei Sky...)

Vielleicht ein Labsal
für die Fans:
St. Pauli in
der Konferenz,
denn das lief
nicht in HD,
ohne tun einem
die Augen weh

Doch leider heut
(auch in HD):
Mir tun total
die Augen weh

Was uns von
Spitzenclubs noch trennt:
3 Mal im Spiel
total gepennt,
dafür gibt's keine
Weinamphore,
sondern nur
3 Gegentore

Da kann man sich
echt nur besaufen,
ich tu es nicht,
ich geh gleich Laufen

Mit solchen Fehlern
nimmt man in Kauf:
So steigen wir
wohl niemals auf
Das ist zum Kotzen,
und nicht zu knapp,
denn *so* steigen wir
dann doch noch ab

Ich sage nur,
es ist ein Graus,
das zeichnet
Pauli-Fans so aus:
Die Fans, die zu
St. Pauli gehen,
die können die Welt
nicht mehr verstehen

Der Egoist

110 Kilo
Lebendgewicht,
also nee,
das will ich nicht!
Fällt Pauli jetzt
auch von der Leiter,
dann mach ich halt
alleine weiter

Hab keine Lust,
dicker zu sein,
zu fühlen wie
ein fettes Schwein:
Total unfit,
die Stimmung tief
unsexy und
unattraktiv

Weiß nicht wohin
ich hier noch flieg,
ich will nicht in
die Champions League
Auch in ne Boyband
will ich nicht
Ich will nur
weniger Gewicht

Ich mache weiter,
werd nicht verzagen,
die Schlacht, die ist
noch nicht geschlagen

Wohin ich fliege
wird sich zeigen,
und ab und zu
werd ich's vergeigen

Das nächste Pauli-Spiel
wird schwer,
die Jungs, die können's
grad nicht mehr
Das ist für mich
nicht so der Hit
Und da mache
ich nicht mit

Und mein Ziel,
das ist auch klar:
2 Kilo weg
im Februar

Wieder zurück (im Glück)

Bessere Tage
haben begonnen
Ab jetzt wird auch
wieder gewonnen
Ich weiß, dass ich
nicht richtig ess
bei Problemen
und Dauerstress

Aber nun wieder
ruhige Zeiten,
und ich kann durch
mein Dasein gleiten
Ich weiß, dass ich
nicht verzage,
morgen geht's wieder
auf die Waage

Ich habe ja
viel nachgedacht
Egal, was jetzt
St. Pauli macht
Ich werde mich
auch weiter quälen,
und fleißig meine
Punkte zählen

Unser Rennen
ist nicht vergessen,
es geht auch nicht
ums Kräftemessen
Das Rennen hat
ne lange Dauer,
und im Sommer
sind wir schlauer

Doch geht es
in die 3. Liga,
gibt's wenigstens
noch einen Sieger

Dann werde ich
mit untergehn
und schlank
in unsrer Kurve stehn

Das macht den Untergang
fast schön...

09.02.2018

Eine neue Auszeit

Unglücklich bist
du wirklich nicht,
was für ein
schönes Leben spricht

Noch immer hast du
ganz viel Kraft,
doch trotzdem bist du
voll geschafft

Das letzte Jahr:
Ein schöner Traum
Einer, der wahr ist,
du glaubst es kaum
Scheiße war es
eigentlich nie,
aber dein Job
raubt Energie

Du machst mit
dem Fußball Pause
Und bleibst freitags
halt zu Hause
Und das tust du
aus freiem Willen,
liegst auf dem Sofa:
Einfach chillen

Diese Entscheidung
kostet Mut,
aber es geht dir
trotzdem gut
Und, ja,
du gestehst dir ein:
Die Pause muss
jetzt einfach sein

Und nun,
fast besser als Sex,
es ist geschafft:
Da ist die 6
Sechs Kilo,
die sind jetzt schon fort,
deine Welt:
Ein schöner Ort

Und St. Pauli?
Ganz weit fort...

11.02.2018

St. Pauli : Nürnberg (morgen)

Morgen, so ab 20 Uhr,
schlägt mein Herz
für die Kultur
Da ist ein
klassisches Konzert
doch mehr als
so ein Kackspiel wert

St. Pauli hat
nen Heimkomplex,
das ist so wie
ganz schlechter Sex

149

Und echt, ich glaube
nicht mehr dran,
dass man zu Haus
gewinnen kann,
wenn man zu
St. Pauli geht,
denn Heimspiel heißt,
dass nix mehr geht

So lausch ich
morgen der Musik,
wo ich vom Spiel
dann nix mitkrieg

Doch eines
weiß ich sicherlich,
die Jungs verliern
auch ohne mich
Da brauch ich nicht
dabei zu sein,
kann mich entspannen
und muss nicht schreien

Hätt nie gedacht,
dass das passiert:
Ich hab jetzt schon
voll resigniert
Die Saison,
die ist gelaufen,
da könnt man sich
nur noch besaufen

Doch die Hüften
werden nicht breiter,
dann mach ich halt
alleine weiter

Ein Gedicht wie ne Ballade,
das alles ist so furchtbar schade

WW mit Turboantrieb

In drei Tagen,
da ist es so weit:
Der Beginn
der Fastenzeit
Und weil ich's kaum
erwarten kann,
fange ich
schon heute an

Ich trink kein
Multi Sanostol,
aber auch
keinen Alkohol
Ich bin gespannt,
ich werd's ja sehen,
ob nun die Pfunde
schneller gehen

Ab jetzt will ich
weniger rasten,
deshalb kommt jetzt
auch Plus-Fasten
Das heißt, ich mache
viel mehr Sport,
also echt:
Das ist ein Wort

In Wahrheit sogar
ein paar mehr
Ich hoffe, das
fällt nicht so schwer
Für Weinverkäufer
wird das bitter:
Ich trinke nichts mehr
und werd fitter

So viel Neues
kann ich machen,
eines davon ist
mehr lachen
Ich fühle mich
oft wie benommen
und will auch wieder
zu mir kommen

Jetzt kommt eine
schöne Zeit
mit Änderungen
und Achtsamkeit...

St. Pauli : Nürnberg (0:0)
Wiederauferstehung

St. Pauli ist
zurück an Deck -
die warn echt
ganz schön lange weg
Ein 0:0
gegen den Zweiten
Jetzt kommen wieder
bessere Zeiten

Pauli, sag ich,
willkommen an Bord,
du warst echt
viel zu lange fort
Jetzt können wir
zusammen rocken,
da bleibt bei uns
kein Auge trocken

Bei mir lief's auch gut,
so hab ich's gern,
und ich bekam
den zweiten Stern
Über 5 Prozent
sind fort,
die warf ich einfach
über Bord

5 ½ Kilo
offiziell,
dir sind einfach fort
(to hell)
Aber egal,
wohin auch immer,
ich habe davon
keinen Schimmer

St. Pauli und ich,
wir sind Piraten,
die wieder
zusammen starten
Zusammen in
der rauen See
tun Niederlagen
nicht so weh

Ich reich St. Pauli
meine Hand,
wir sind zurück
im Wunderland
Zusammen können
wir es schaffen,
und wir sind beide
keine Schlaffen

Wir wissen, was
verlieren ist
und kommen aus
dem tiefsten Mist

Ostern ist keine
Ortsumgehung
sonder die
Wiederauferstehung

Ich bin jetzt
in der Fastenzeit
Zu vielem bin ich
nun bereit
Man muss auch mal
an Wunder glauben,
die Hoffnung kann
mir keiner rauben

Zum Aufstieg wird es
nicht mehr reichen,
aber vom Platz
werden wir nicht schleichen
Wir werden beide
alles geben -
Das ist unser
Piratenleben

Wir wissen wo
die Zukunft ist,
und unsere Flagge
ist gehisst
Der Jolly Roger
flattert im Wind,
und unsre
Aufholjagd beginnt

In Hamburg gehst du
auch mal fort,
aber du gehst nie
ganz von Bord!

14.02.2018

Beginn der Fastenzeit (offiziell...)

Heute, der
offizielle Start,
ich hoffe, es wird
nicht so hart
Wo werd ich
kurz vor Ostern sein?
Und wo ist dann
mein Verein?

Sind wir dann noch
im Abstiegskampf?
Oder stehen wir
voller Dampf?
Kriegt uns diese Welt
noch klein?
Werden wir
unschlagbar sein?

Wieder ein
unbekanntes Land,
doch trotzdem bin ich
voll entspannt

7 Wochen
anders leben,
genau das werde
ich mir geben

7 Wochen ein
Experiment,
mal hellwach
und mal verpennt
Ohne Alkohol
und Chips,
was heißt, dass du
dir keinen mehr kippst

Vielleicht wird dann
mein Geist auch klarer,
nicht wie bei
einem Geisterfahrer

Was jetzt wird,
ist unbekannt,
denn ich bin
im Wunderland
(und mein Rücken ist verspannt, aua...)

Das erste Fastenwochenende

Hoch die Hände,
Wochenende...

Insgesamt fast
40 Tage,
die ich andre
Zeiten wage
Knapp 7 Wochen
anders leben,
ohne ein Mal
einen Heben

Das alleine
ist schon krass,
aber ich mache
nicht nur das
Auch 7 Wochen
anders sein,
die Möglichkeiten
sind nicht klein

Nun wird mal wieder
meine Welt
ein wenig auf
den Kopf gestellt
Was dabei rauskommt?
Was weiß ich?

Doch irgend-
etwas sicherlich
Es gibt auch noch
sehr viel zu tun,
sonst seh ich aus
wie Kim Yong Un

Also geh ich
in die Vollen
und tu was gegen
die Speckrollen

Auch sonst ist
nicht alles im Lot,
ich bin auch mal
ein Vollidiot
Fast 40 Tage
hab ich Zeit -
Das ist ja fast
ne Kleinigkeit (-; ...

Nüchtern betrachtet...

Nüchtern betrachtet
ein beschissener Tag,
was ich nüchtern
auch ertrag
Manchmal bin
ich abends froh:
Jetzt bin ich nicht
mehr im Büro

Aber es gibt halt
solche Tage,
da ist das Leben
eine Plage

Denn du kommst ja
auch nicht raus
Hab keinen Bock mehr,
ich geh nach Haus -
Das kannst du
deinem Chef nicht sagen,
sonst tut ne
Abmahnung dich plagen

Außerdem tut's ja
nicht lohnen,
es sind doch nur
die Emotionen,
die dann in dir
überkochen,
die Contenance
dir unterjochen

Auf die Probe
wirst du gestellt
Werde heute mal
zum Held
Rotwein könnt dich
zwar runterdimmen,
aber sag:
War's denn so schlimm?

Du bist glücklich
und gesund,
wiegst nur noch
190 Pfund

Tu dir selbst
mal nicht so leid
und gleite durch
die Fastenzeit...

17.02.2018

Abstiegskampf im Schnee – Der tut uns gar nicht weh

Ingolstadt : St. Pauli (0:1)

Wieder in
der Konferenz,
Sky mag wohl keine
Pauli-Fans
Zumindest nicht so
in HD
Aber egal,
ein Spiel im Schnee

Das Hinspiel,
0:4 vergeigt,
für mich war das
ein Fingerzeig

161

Für mich stand auch
viel auf dem Spiel,
103 Kilo
waren zu viel

Nur einen Tag später
fing ich an,
und ließ die Weighties
an mich ran
Bin auf dem Weg
zur Meisterschaft
(Minus 6 Kilo
sind geschafft)

5 Minuten
Nachspielzeit,
wirklich keine
Kleinigkeit
Der Traum, er hat
wieder begonnen,
auswärts 1:0
gewonnen

Pauli und ich
sind voll im Rennen
alle anderen
sollen doch flennen
Das Saisonziel
ist in Sicht
Und aufgeben
werden wir beide nicht

Gar nicht so schwer...
(94,4 Kilo, am Morgen)

Das war das erste
Fastenwochenende
Ich klatsche fröhlich
in die Hände
Ich bin nicht mehr
im Alltagstrott,
dafür ein kleiner
Dank an Gott

Olympia in Südkorea,
ist hier auch was
für Frühaufsteher
Aber darum
geht es nicht,
die Sonne scheint,
draußen ist Licht

Ich weiß wie
Optimismus geht,
seh echt nicht aus
wie ein Athlet
Aber (I don't want
to remember),
weiß, wie ich aussah
im November

Urlaub, Appartement,
überall Spiegel,
auch vor dem Bett,
da wurd mir übel
Und so reifte
der Entschluss,
dass was geändert
werden muss

Der „Dicke" stieg
aus seinem Bett
und nutzte schnell
das Internet
Er weiß, sein Leben,
das ist schön,
doch *so* kann es
nicht weitergehen

Sonntags auschecken
aus dem Hotel,
ab Montag die WWs,
das ging voll schnell -
Was mich auch
noch immer freut,
hab es bis heute
nicht bereut

Es ist Sonntag,
ich sitze hier,
und ich vermisse
nicht das Bier

Ich vermiss auch
nicht den Wein
(nur ein bisschen,
ganz ganz klein)

Wie gesagt,
ich sitze hier,
Gewicht bei
94,4 -
Das ist zwar noch
ne Menge Holz,
aber trotzdem
bin ich stolz

Ich freu mich
über meinen Weg,
und dass er
immer weitergeht

Auch über die 9
kann ich mich freuen
Und Aufhören hat
auch keinen Zweck:
Die 9 vor dem Komma
muss noch weg

Hab lang nicht mehr
so viel gelacht
Und irgendwann,
da kommt die 8

Das ist alles
echt der Hommer,
freu mich aufs Frühjahr,
und den Sommer -
Vielleicht bin ich dann ein Athlet,
so wie er im Buche steht...

20.02.2018

Anders leben

7 Wochen anders leben,
7 Wochen anders sein,
nicht an Gewohnheiten festkleben,
für Änderungen offen sein

Das Leben gibt
dir Audienzen,
du stößt auch mal
an deine Grenzen

Mal reitest du
auf deiner Welle,
mal stürzt du
ins Wellental
Mal ist das Leben
eine Quelle,
mal scheint es so
wie eine Qual

Du lässt dich
auf das Ganze ein,
und damit bist
du nicht allein
Du schaust jetzt öfter
in den Spiegel,
und schaust gut aus,
ohne Gestriegel

Wer bin ich?
Und werd ich so bleiben? -
Tu's mit dem Fragen
nicht übertreiben!

Das Leben ist
ein langer Fluss,
es gibt dir auch
mal einen Kuss,
und nicht nur
immer einen Tritt
(den nahmst du früher
oft mal mit...)

Heut wieder ein schöner Tag,
an dem ich mich mal nicht beklag:
Im Fluss des Lebens freigeschwommen;
6 ½ Kilo abgenommen...

Blade Runner

Ich habe Dinge gesehen, die ihr Menschen
niemals sehen werdet...

Stell dir vor, deine Lebenszeit wäre begrenzt. Auf
4 Jahre. Und du wüsstest es. Würdest du anders
leben?

Veränderungen,
unmerklich,
schreiten leise voran

Heute ist
der 10. Tag,
das Leben ist
kein Schicksalsschlag
Woran ich gerade
wieder denk:
Das Leben, das ist
ein Geschenk

Du weißt nicht, wann
die Stunde schlägt,
wann es dich
aus der Kurve trägt
Wie viel noch
deine Sanduhr misst,
wann deine Zeit
gekommen ist

Du bist nicht mehr
unbeteiligt,
und dein Leben,
das ist heilig,
nicht nur jede Stunde,
auch jede einzelne Sekunde

Du hast alles
in deinen Händen
Und du brauchst keine
Zeit verschwenden

Und doch...
Los Angeles 2019,
der Moloch
Blade Runner,
die Replikanten
(du verstehst sie doch...)

Oft ist Vieles
nicht das Wahre,
doch du hast mehr
als nur 4 Jahre
Und nach dem „Ende"
vielleicht noch mehr
(wär auch für
Atheisten fair...)

Was völlig anderes,
sei nicht verdutzt:
Schon wieder hast
du Zeit genutzt
10 Tage sind
bereits geschafft,
und jeden Tag
wächst deine Kraft

Jetzt ein Glas Rotwein,
das wär schön...
(Wird erst in
30 Tagen gehen (-;)
Oder ne schöne
Tüte Chips
(a smile appears
upon my lips)

Wüsst ich, es kommt
ein Schicksalsschlag,
und morgen wär
mein letzter Tag,
dann wär's trotzdem
ein Happy End,
und ich, ich wäre
konsequent

Obwohl ich mich
besser nicht lobe,
denn stellt mich bloß nicht
auf die Probe

Doch ich fühl wie
ein Replikant,
denn ich habe
es erkannt:
Mich wird es
nicht ewig geben,
deshalb werd ich
mein Leben leben,
und das bis zum letzten Tag,
weil ich das Leben so sehr mag...

21.02.2018

Ein kleines Gedicht

Mit kleinen Dingen
zufrieden sein,
und große Probleme
werden klein..

Was ich echt total
gerne mag:
Die Lieblingsjeans,
die ich grad trag

Und heute fängt sie
an zu putschen,
ohne Gürtel
tut sie rutschen

Das war gestern
noch nicht der Fall,
das heißt, ich bin
und bleib am Ball

Mein Bauch, schon lang
wird er nicht runder,
und das alleine
ist ein Wunder

Wunder am
laufenden Band,
denn ich bin
im Wunderland,
und nicht mehr Dumbo,
der Elefant

Wie schön, dass
meine Kerze brennt,
ich hoffe auf
ein Happy End

Vieles geht
sicher auch schief,
doch ich bleibe
positiv
Ich denke nicht
an Krankheitskeime
und schreib hier weiter
meine Reime

Das zweite Fastenwochenende

12 volle Tage
sind geschafft,
das war ganz leicht,
da biste baff
Nicht so leicht:
Gewicht verlieren,
das geht dir etwas
an die Nieren

Draußen kein Frühling,
das ist schade,
und wir haben
Minusgrade

Ich hab noch etwas
zu viel Fett,
im Winter ist das
ja ganz nett
Damit ich jetzt
nicht so doll frier,
behält mein Körper
das noch hier

Doch ich bleib beim
WW-Verehren,
und ich will mich
nicht beschweren

Jetzt wird halt nicht so
sehr gefroren,
6 Kilo hab ich
schon verloren
Und es werden
noch viel mehr,
das Abnehmen ist halt
auch mal schwer

Doch irgendwann
hab ich's erreicht,
dass ich nicht schwer bin
sondern leicht
Der Weg, wichtiger
als das Ziel,
wenn ich das lerne,
lern ich viel...

25.02.2018

Meinen Magen darfst du nicht fragen...

Zu viel Stress,
die letzten Wochen,
zu viel Stress
in diesem Jahr
Ich mache weiter,
ungebrochen,
mein Magen kommt
damit nicht klar

Er ist nun
etwas am Ende,
so wie auch
der HSV
Bis Mittag kommt
wohl nicht die Wende,
am Millerntor,
da mach ich blau

Draußen versinkt
die Welt im Frost,
ich trinke Wasser
und Glasnost
Ich bleib zu Hause,
habe frei:
St. Pauli gegen Kiel
bei Sky

Heute komplett
und in HD,
ich hoffe, das tut
nicht so weh

In meinem Magen
geht es rund,
ich hoffe morgen
bin ich gesund
Und, dass ich
Positives sehe,
kein Bier kommt heut
in meine Nähe

Schon 14 Tage
hinter mir,
ohne Wein
und ohne Bier

St. Pauli gegen Kiel,
ich hoff, ein gutes Spiel,
und dass ich mich
erholen kann,
das Spiel seh ich
im Fernsehen an

Die Winterklamotten
bleiben im Schrank,
ich hoffe, ich
werde nicht krank
Kann alles sehn
und muss nicht frieren,
ich glaube, dass wir
nicht verlieren

Stephan ist grad
am Bauch-Umklammern,
und ein wenig auch
am Jammern,
doch er sieht
alles positiv,
und darum geht
heut auch nichts schief

Nachher will ich
3 Punkte feiern,
und nach Möglichkeit
nicht reihern
Jetzt leide ich
noch wie ein Hund,
vielleicht nachher
bin ich gesund

St. Pauli: Holstein Kiel (3:2)
So ist Fußball...

Wieder so ein
Scheiß-Heimspiel,
und ich bekam auch
einen zu viel
Die Abwehr -
ein Alptraum,
wie das Spiel
gegen Kiel

Das Spiel von mir
längst abgeschrieben,
zum Glück dann
am TV geblieben

Im Aufstiegsrennen
sind wir nicht mehr dabei,
aber auch nicht die Kieler,
die sind auf Platz 3

St. Pauli ist nur
3 Punkte dahinter,
für uns wird das doch
noch ein geiler Winter

Fußball wie Punk,
gewonnen, Gott sei Dank
Kiel war viel besser,
doch wir kamen zurück
Ab und zu haben
auch *wir* mal Glück

Nie mehr Faschismus,
nie mehr 3. Liga,
und nie wieder Krieg,
dreckiger als heute
gab's noch nie einen Sieg

Wir können wieder atmen,
wir kriegen wieder Luft
Kiel ist angepisst
und St. Pauli der Schuft

Die Abstiegsplätze:
Wieder weiter entfernt,
wir hoben viel Schätze,
das heißt, wir ham was gelernt
Im Stadion haben alle gefroren,
aber wir haben nicht verloren
Ein Heimsieg, und das voller Dreck,
wir sind wieder da, wir waren nie weg

Abnehmen / It's a long way to the top...

Jede Woche
geht es weiter,
ein Gefühl
wie auf der Leiter
Eigentlich geht's
nie zurück
Es geht ganz langsam
Stück für Stück

Bist nur ein Mensch
vergiss das nie,
viel leichter
in der Fantasie
Hast ab und zu
mal einen Hänger -
Auch Wunder dauern
etwas länger

3 Monate WW,
die haben's voll gebracht,
so etwa minus 7
bis hin zu minus 8

St. Pauli und du,
ihr seid echt schräg,
und beide gemeinsam
auf dem Weg,
der fast nie leicht ist,
sondern eher schwer,
und ihr vergesst nie
das *Wo komm ich her?*

Ihr kommt halt
aus der Abstiegszone,
da, wo ich nicht
so gerne wohne
Das Mittelfeld
ist schon erreicht,
der Wasserstand
ist fast schon seicht

Unterwegs
im Wunderland,
und irgendwann
seid ihr am Strand...

Demut ist gut

Ein wenig bin ich
auf den Knien,
ich hoffe, das
wird mir verziehen:
Heute endlich
hab ich's kapiert
(kommt selten vor,
dass das passiert)

Seit ich zu
den Treffen geh,
ob nun bei Regen
oder Schnee,
gibt es ne
ganz klare Tendenz
(Ein Bonus für
St. Pauli-Fans?)

Ein Märchen,
ein Wunder,
ein Glücks-
Rendezvous?
Nicht ein Mal
nahm ich dabei zu

Der 3. Monat
liegt hinter mir,
jetzt hätt ich gern
ein großes Bier,
aber gibt's nicht,
tut mir Leid
Noch bin ich in
der Fastenzeit

Am Wochenende
nix mit Saufen,
dafür war ich
wieder laufen
Ganz leise -
nicht mit 1.000 Phon -
kommt sie zurück,
die Kondition

Demut...
ist gut
Gefühle kommen
wie eine Flut
Ich fühl mich jetzt
gerade ganz klein,
und kann einfach
nur dankbar sein!

März 2018

Der Frühling will einfach nicht kommen. Und der Winter hat Hamburg fest im Griff. Die Saison entwickelt sich langsam aber sicher zu einer Katastrophe. St. Pauli ist zwar Ende März auf dem 11. Platz, aber der Relegationsplatz ist nur noch 3 Punkte entfernt.

Mein Gewicht hat sich Ende März bei minus 8,5 Kilo eingependelt, wobei ich zum Schluss etwas ins Schwächeln komme, denn die Fastenzeit ist vorbei, und ich habe Urlaub...

01.03.2018

Frühling im Winter

Kaum zu glauben,
ist echt kein Scherz,
jetzt is doch echt
schon wieder März
Während draußen
die Luft gefriert,
und Stephan
viel Gewicht verliert

Seit November
bin ich dabei,
und freue mich
schon auf den Mai,
dann ist XL
endlich passé,

genau wie Kälte
und der Schnee

Schon 19 Tage
Fastenzeit,
für mich echt
keine Kleinigkeit
Zwar träum ich noch
von Chips und Wein,
aber ich schwör:
Ich lass es sein!

Vieles hab ich
nun verstanden,
und fühl wie einer
der Replikanten:
Leben vergeht,
doch Menschlichkeit
überdauert alle Zeit

Auch meine Zeit
ist leider knapp,
die Uhr läuft
irgendwann ja ab
Wann es so weit ist,
weiß ich nicht,
aber ich strebe
nach dem Licht

Wichtig ist das, was man tut,
dann wird vielleicht auch alles gut...

(Fast) sprachlos

Mich gibt's ja schon
so ein paar Jährchen,
jetzt ist mein Leben
wie ein Märchen
Heute kamen
fast die Tränen;
wieder erfüllte sich
mein Sehnen

Ich bin schon fast
bei minus 8,
könnt eigentlich sagen:
Es ist vollbracht
Das Abnehmen klappt,
weiß nicht, wieso,
das macht mich glücklich,
nicht nur froh

Ich spüre einen
Hauch von Glück
und will auf
keinen Fall zurück
Heute war
wieder das Wiegen,
seit Dezember
nur am Siegen

Sitz am PC,
es ist schon spät
Hab keine Ahnung,
wie das geht,
immer weiter
abzunehmen,
aber ich tu mich
dafür nicht schämen

Ich träum schon wieder
vom nächsten Sommer,
jetzt an der Startrampe:
In Badehose, ohne Wampe
Und ja, jetzt glaube ich daran,
dass man ein Wunder schaffen kann
Noch ist der Sommer nicht sehr nah,
doch ich glaub, der Traum wird wahr

Und eines, das ist jetzt schon klar:
Die Badehose ist schon da...

Voll kaputt.. (Ein Zwischentief)

Wo bin ich bloß
falsch abgebogen?
Wer hat den Stecker
mir gezogen?
Mein Akku ist
bei 2 Prozent,
und meine Sicherung,
die brennt

Fühl mich zu schwach,
um jetzt zu schreien;
morgen wird's wieder
besser sein,
heute, da fällt
alles schwer,
und ich glaub,
ich kann nicht mehr!

Die Fastenzeit
ist wirklich gut,
kein Alkohol
in meinem Blut
Trotz Dauerstress
noch Energie,
aber ich spür
die Apathie

Bin echt nicht mehr
in der Spur,
und ich bin reif
für eine Kur

Noch bin ich frei
von Fastenpannen,
jetzt ein Glas Rotwein
würde entspannen
Wer hier heut jammert
und rumquakt?
Ich..., aber heute
bin ich stark

Hab einen Monat
durchgehalten,
hab gut 8 Kilo
abgespalten
Das ist nicht klasse,
sondern klasser:
Mein Kopf noch immer
über Wasser!

1 Monat Fastenzeit

Ein Monat ist
ein Zwölfteljahr,
ein Monat war
der Kopf jetzt klar
Bin bei St. Pauli
heut gewescn,
war auch da
nicht mit am Tresen

Ein Unentschieden,
nicht verloren,
kcin Glühwein und
voll durchgefroren
Dazu gab es
auch kein Bier

Nur Pharisäer
gab's dann hier,
und hier, das ist
bei mir zu Hause,
ob Fastenende,
Fastenpause,
ich lasse heute
das Fasten sein,
und abends gönne
ich mir Wein...

Heut morgen 92,7
da ist mein Herz
fast stehengeblieben,
denn das heißt eigentlich
minus 9,
und so was tut
mich sehr erfreuen

Die Träume vom Sommer,
fangen an zu sprießen,
und den Wein
werd ich genießen

Fasten werd ich
weiter hier,
ohne Chips
und ohne Bier
Und das ist wirklich
auch nicht wenig,
der Einäugige
ist heut der König...

12.03.2018

Endlich Frühling...

Der Winter, scheint es,
ist gegessen,
der Winterspeck
ist angefressen

Aber ich bau ihn
langsam ab,
wozu ich ja
die Smartpoints hab

Die Kälte erscheint
sehr weit fort
Und jetzt endlich
wieder Sport
Den Kilos laufe
ich davon,
im nächsten Jahr
schon Marathon?

Der Weg, er ist noch
sehr, sehr lang,
aber mir wird
gar nicht bang,
denn ich glaube
noch an mich,
viel schmaler ist schon
mein Gesicht

90 Kilo -
das nächste Ziel -
für mich schon
unermesslich viel
Und ist das
endlich geschafft,
reicht für alles
meine Kraft

Im November
noch über 100,
doch ich nahm ab
und war verwundert,
denn Schritt für Schritt
ging's immer weiter,
die Hüften schmaler
und nicht breiter

Ich hab noch lange nicht zu viel,
und der Weg, der ist das Ziel...

Es ist vollbracht (nach dem Treffen...)

Es ist vollbracht:
Das war die 8,
ich bin dabei
mit 8,2
Nach hundert und sechs
WW-Tagen
kann ich mich wirklich
nicht beklagen

Bald werd ich einer
von den Frommen.
Ich hab nicht einmal
zugenommen
Ich bin so platt
wie eine Flunder,
jetzt glaub ich wirklich
doch an Wunder

Ich geh morgen laufen
und dreh meine Runden
8,2 Kilo
sind einfach verschwunden

Ich sag bye bye
zu den 8.2,
und ich fühl
ein wenig Glück
Ihr vielen Kilos
kommt bloß nicht zurück

Ihr vielen Kilos
bleibt einfach weg
Und nehmt dann noch
den ganzen Speck,
denn den dürft ihr
gern behalten,
ich werd mein Leben
neu gestalten

Und noch einmal:
Es ist vollbracht,
das Leben mit WW
eine Pracht
und ich sage
1.000 Dank,
denn der Tiger
ist im Tank

Willkommen zurück...

Willkommen zurück
hier im Glück
Du hast geschlafen
in der Nacht,
danach bist du dann
aufgewacht

So wie auf einer
Wolke schweben,
fühlt es sich manchmal
an, das Leben
Ist das Leben
nur ein Traum?
Schläfst du
unter nem Apfelbaum?

Warum werden
Träume wahr?
Das ist dir
immer noch nicht klar -
Aber das
ist nicht so schlimm,
die Traumerfüllung
nimmst du hin

Heut Morgen wieder
Wunschgewicht,
deprimierend
ist das nicht

Das warn so cirka
minus 9,
und das tut mich
doch sehr erfreun

Ein ncucr Tag
im Paradies,
so etwas find ich
gar nicht mies
Auch wenn ich draußen
noch sehr frier,
der Frühling steht
schon vor der Tür...

Zusammen im Abstiegskampf

St. Pauli und ich,
allein sind wir nicht
Wir stehen zusammen,
die Herzen in Flammen
Noch kann so vieles
passieren,
noch können wir
so viel verlieren

Doch es läuft wohl
gut im Leben,
wenn wir meistens
alles geben

Von ganz weit unten,
aus dem Keller,
da kam ich hoch,
und immer schneller
verlor ich weiter
mein Gewicht,
immer schmaler
das Gesicht

Doch ich wurde
auch geerdet,
Realität war
leicht vermerdet
(*Merde* frz. für *Scheiße*)

Bin jetzt noch schwerer
als vor 2 Jahren
(Das Leben, das
macht halt erfahren... (-;)
Was mich aber
nicht deprimiert,
weil sehr viel Gutes
grad passiert

Bei *dem* Gewicht
bleib ich nicht stehen,
ich will noch sehr viel
weiter gehen
Der Tiger ist
in meinem Tank,
und irgendwann,
da bin ich schlank

Aber ich bin ja
nicht allein,
denn da ist auch noch
mein Verein:

St. Pauli hat es
auch nicht leicht
Das rettende Ufer? -
Noch nicht erreicht
Wir können
immer noch absteigen,
wenn wir jetzt
zu oft vergeigen

Und denke ich
an übermorgen,
dann mache ich mir
wirklich Sorgen
St. Pauli spielt da
bei dem Letzten,

und das kann fördern
das Entsetzen

11 Punkte Abstand
sind nicht viel,
es steht ne Menge
auf dem Spiel,
doch wenn wir Samstag
jetzt gewinnen,
dann kriegen wir
die Rettung hin

Vom Aufstieg will ich
nichts mehr hören,
dafür sind wir
viel zu schlecht,
weil wir die Torhüter
kaum stören,
treffen das Tor nicht,
aber echt

Träumt nicht zu viel,
nicht übertreiben,
geht nur noch darum,
drin zu bleiben,
weiter in der
2. Liga,
mal als Verlierer,
mal als Sieger

Das wird bis
zum Exzess gefeiert,
bis wirklich jeder
nur noch reiert
von dem vielen
Astra-Bier,
und Wunder, ja,
die lieben wir...

17.03.2018

Kaiserslautern : St. Pauli (1:1)
Die Nerven spielen mit

Abstiegskampf
ist echt ein Krampf
Torchancen gab es
wieder viel
Die Schüsse trafen
nicht das Ziel

Ein Elfmeter
hätt fast gerettet,
doch Unglück hatte
sich verkettet
St. Pauli spielte
auch zu seicht,
3 Punkte wurden
nicht erreicht

Kein Spiel, um sich
dann zu besaufen,
ich gehe jetzt
gleich erst mal laufen
Vielleicht war
dieser Punkt viel wert,
vielleicht war er
total verkehrt

Doch ich bin
letztendlich zufrieden:
Ein dreckig, fieses
Unentschieden
So richtig hat's
heut nicht geknallt,
er ist noch fern:
Klassenerhalt...

Darauf die Hoffnung,
leicht verpufft,
ich muss jetzt raus
und an die Luft,
und da, da muss ich
was entschärfen,
und das, das sind
nur meine Nerven...

Das Wort zum Sonntag

Mir fällt hier echt
was auf den Wecker,
deshalb gibt es hier
mal Gemecker

Der Fußballsonntag
ist vorbei,
St. Pauli ist
nicht einerlei
Tabellenanblick?
Da muss ich kotzen,
und habe jeden Grund
zum Motzen

Kauczinski ist
kein Kloß von Trauer,
doch er war gestern
richtig sauer,
so sauer wie
ich heute bin,
wir konnten wieder
nicht gewinnen

Drei Punkte gestern,
wir wären gerettet,
auf Klassenerhalt
hätt ich gewettet

Doch jetzt ist wieder
gar nichts klar,
und das Tabellenende nah,
wir bräuchten einen Superstar

Passend zum Wetter:
It doesn't get better!
Jetzt wird wohl
bis zum Schluss gezittert,
ach, ab und zu
bin ich verbittert

Als Pauli-Fan
hat man's nicht leicht,
weil Pauli nie
mal was erreicht,
außer vielleicht
nicht abzusteigen
oder nicht *immer*
zu vergeigen...
RIESENSEUFZER...

Das Wort zum Sonntag (Fortsetzung)

Fanliebe ist
nicht immer schön,
das kann man auch
im Volkspark sehn
Und endlich,
mit dem Trainer Titz
war der HSV kein Witz

Doch da ist es
jetzt wohl zu spät,
weil's immer weiter
abwärtsgeht
Nächste Saison,
in Liga Zwei,
da sind die
Rothosen dabei

Zum Thema
Stadtmeisterschaft,
da fehlt mir
momentan die Kraft,
Pauli muss sich
total aufbäumen,
dann kann ich davon
weiter träumen

Ich hoff, wir sind
noch mehrmals Sieger,
ich will nicht
in die 3. Liga!!!!!!!!!

Hilf mir, Obama
(*Yes, we can!*),
denn ich bin
ein St. Pauli-Fan

Länderspielpause
(No Happyness – Bonjour Tristesse)

So kann es doch
nicht weitergehn:
St. Pauli macht
mich schizophren -
Mit dem Gewicht:
Alles im Lack,
die 2. Liga:
So ein Kack

Die Scheiße steht uns
bis zum Kinn,
wir sind in der
Verlosung drin
Das Unheil, es
hat jetzt begonnen,
Aue hat
gestern gewonnen

Und Aue heißt
Relegation,
in Hamburg kennt
man so was schon...
3 Punkte vom Abgrund
nur entfernt,
das Toreschießen
ham wir verlernt

Nur Fußball -
ich Kulturbanause -
und was ist jetzt?
Länderspielpause
In der Tabelle
ganz weit unten,
jetzt brennen wirklich
alle Lunten

Jetzt geht doch noch
alles schief
Und ich werd
bald depressiv
Aber noch:
Das Hier und Jetzt,
und die Hoffnung
stirbt zuletzt...

24.03.2018

Ein paar Tage Urlaub

Endlich Urlaub,
das ist willkommen
Seit November
nie zugenommen
Der Weg, er wird
sehr lang noch sein,
ich lass jetzt
Fünfe gerade sein

Abends trink ich
roten Wein,
ich schlaf aus,
in den Tag hinein
Natürlich nicht
bis zum Exzess,
aber jetzt mal
ohne Stress

Nun sind es auch
nur noch zwei Tage,
dann geht es wieder
auf die Waage
Montag waren's
minus 8 ½,
ich bin noch mollig
wie ein Kalb

Noch sehr weit
bis zum Goldgewicht,
dann gibt es echt
ein „Goldgedicht"
Ich will's erreichen,
nicht resignieren,
nur 15 Kilo
noch verlieren

Bis dahin geht
auch noch viel schief,
und das ist
keine Kleinigkeit,

aber die Zeit
ist relativ,
und ich habe
sehr viel Zeit

Und bin zu fast
allem bereit...

26.03.2018

Ein schöner Tag...

10 Uhr morgens,
und ich hab frei,
endlich Urlaub,
ich bin dabei
Doch auch im Urlaub,
keine Frage,
geht es am Montag
auf die Waage

Ich fühl mich
gerade sehr entspannt,
die Zukunft,
sie ist unbekannt

Wie im Fußball:
Ein nahes Ziel,
ich denke nur
von Spiel zu Spiel,

und das heißt halt,
von Tag zu Tag,
weil ich nicht
weiter denken mag

Jetzt hab ich grad
auf Holz geklopft,
stets hab ich sie
im Hinterkopf:
Die Ess- und Trink-
Philosophie,
die WeightWatchers,
nix Anarchie

Und es wird besser,
Stück für Stück,
die Kondition,
sie ist zurück
40 Minuten
ohne Pause,
gestern gelaufen,
das war ne Sause

Ja, ich beweg mich
in der Mitte,
die Politik der
kleinen Schritte
Und das ist auch
schon wieder schräg:
Viele kleine Schritte
und ein langer Weg...

Ewiger Winter

Ein Gedicht noch
aus dem März
Draußen schneit es,
ist kein Scherz

Hab gerade null
Selbstdisziplin,
bin rebellisch
wie ein Teen
Im Urlaub fast nix
mit WW,
aber der ist ja
bald passé

Ab Dienstag geht's dann
wieder los,
zum Glück bin ich
kein Trauerkloß
Paar Tage jetzt
noch mit Genuss,
und dann ist mit
dem Unsinn Schluss

WW war ja
nicht ganz weit fort.
Ich machte
jede Menge Sport

8 Monate
geht's so noch weiter,
ich weiß, ich schaff es,
ich bin ein Fighter
Aber Urlaub ist Urlaub,
die Pause tat Not
Ein paar Tage leben
ohne Essensverbot

1° nur und Schneefall,
es ist kaum zu glauben,
der Winter setzt an
seine Daumenschrauben
Ich bettel um Frühlung,
bin fast auf den Knien,
mit Handschuhn und Mütze,
fühl mich wie Mr. Bean

Der Winter ist
noch nicht vorbei
Von Sorgen bin ich
auch nicht frei
Heimspiel morgen,
Millerntor,
kommt mir grad wie
die Hölle vor

Find keinen
hoffnungsvollen Satz
St. Pauli auf
dem 12. Platz

Halt, doch -
wird zu oft eingesetzt:
Es heißt, die Hoffnung
stirbt zuletzt

Da ist nicht viel,
was Hoffnung gibt,
jetzt wäre ich
so gern verliebt
Das würde mich
dann gut ablenken,
ich müsste nicht
an Fußball denken

Ich weiß nicht,
was die Hoffnung frisst,
gerade bin ich
Pessimist
Es kann auch
alles anders werden
(Das würde lindern
die Beschwerden)

Nicht ganz poetisch
ausgedrückt,
muss ich sagen,
ich wär entzückt,
wenn wir morgen
mal gewinnen,
3 Punkte nähm ich
gerne hin...

April 2018

Der gemeinsame Kampf von St. Pauli und mir geht allmählich in unterschiedliche Richtungen: Ich bekomme nach leichtem Schwächeln so gerade noch die Kurve beim Abnehmen. Sportlich geht es bei mir immer weiter bergauf. Der FC St. Pauli hingegen taumelt langsam aber sicher dem Abstieg in die 3. Liga entgegen. Und es gibt fast nichts, was mir nach den ersten Spielen im April noch Hoffnung machen könnte.
Aber die Hoffnung stirbt ja bekanntlich zuletzt. (*Aber sie stirbt!*, sagt Dirk...) Ich hoffe, er hat damit unrecht... - Schon wieder die Hoffnung - Während ich dies schreibe, weiß ich nicht, wie die Sache ausgehen wird...

01.04.2018

St. Pauli : Sandhausen (1:1)
April April (leider nicht)

Was nach nem Heimspiel
meist passiert:
Nach Hause kommen,
voll deprimiert
St. Pauli ist zwar
auf Platz 10;
ich kann die Scheiße
nicht mehr sehen

Wir haben wieder
nichts gerissen,
die Heimspiele sind
so beschissen
Wieder haben wir's
nicht gepackt,
wieder haben wir's
voll verkackt

Und wieder auf
den Nägeln kauen,
nicht mal n Elfer
reingehauen
Wir kommen nicht mehr
in die Charts,
ich sehe jetzt
echt nur noch schwarz...

Nach so nem Spiel,
das ist fatal,
sind mir die Punkte
scheißegal
Selbstdisziplin?
Kannst du vergessen,
würde am liebsten
alles essen

Eigentlich bin ich
positiv,
doch beim FC
geht zu viel schief

Die Saison
ist nicht mehr lang
Mit Vollgas in
den Untergang

Wann sind wir endlich
mal ein Sieger?
Ich will nicht in
die 3. Liga
Wann tun sich
Heimspiele mal lohnen?
Ohne Grund für
Depressionen

Die Fan-Stimmung,
ist echt versaut,
dann, wenn man
St. Pauli schaut...

06.04.2018

Abstiegskampf

Nicht nur St. Pauli,
jetzt auch ich
2 Kilo mehr,
ich fass es nicht!

Ich muss zurück gehen
zu den Wurzeln,
damit wieder
die Pfunde purzeln

Das heißt, ich halt mich
wieder stramm
an das „doofe"
WW-Programm
Das wirft mich
gar nicht aus der Bahn,
mein Zug ist noch
nicht abgefahren

Jetzt wird nicht mehr
so viel geschludert,
jetzt wird mal schnell
zurück gerudert

Und das, mein Junge, geht nicht schief,
denke einfach positiv!!!

Endlich...

Endlich bist du
mal abgesackt,
endlich hast du
mal abgekackt
Fehler, der beste Weg
zum Lernen,
das hilft, die
Fettschichten entfernen

Das tut auch Greenpeace
sehr entlasten,
sie brauchen nicht
zum Strand zu hasten,
um dich dann
ins Meer zu schieben
(Weil sie die Tiere so sehr lieben)

Sie denken halt,
du bist gestrandet,
und dann nicht mehr
im Meer gelandet
Sie denken halt,
du wärst ein Wal,
weil du bist viel
zu fett!?... egal!

All das wird ja
nicht passieren,
du wirst noch viel
Gewicht verlieren

Ein Schuss vorn Bug,
der ist nicht schlecht,
denn zugenommen
hast du zu Recht...

Das Leben ist
kein Wunschkonzert,
und du bist keiner,
der sich beschwert,

weil ihm zu viel
daneben geht,
und er die
Ursachen versteht

Endlich hast du es erkannt:
Du hast es selber in der Hand
Die Speisekarte
kommt von dir,
also friss nicht
wie ein Tier

Sei achtsam
und dir selbst bewusst,
dann hast du nicht mehr
so viel Frust...

Aue (aua) und viel Trauer
FC Erzgebirge Aue : St. Pauli (2:1)

Draußen sind es
20 Grad,
St. Pauli kommt
nicht mehr in Fahrt
Wir ham es wieder
nicht gepackt
Wir haben wieder
abgekackt

Ein verlorenes Wochenende,
und ein verlorenes Spiel
Die 3. Liga reibt sich die Hände,
denn Pauli hat ja Sex-Appeal

Ich habe grad
auf nichts mehr Lust,
St. Pauli bringt
echt nur noch Frust

Ein Eigentor und ein Elfmeter,
und dann noch schlecht gespielt,
das macht mich dann zum Miesepeter,
der sich beschissen fühlt

Platz 15, das
ist morgen noch drin,
jetzt steht die Scheiße
überm Kinn

Positiv...

Wenn ich gestresst bin, von der Rolle,
dann verlier ich die Kontrolle
über mein Ess- und Trinkverhalten,
das Gegenteil von *Korken knallten*

Das ist nicht gut,
echt, so ein Scheiß,
St. Pauli geht mir
auf den Geist
St. Pauli spielt
total beschissen,
und tut die weiße
Fahne hissen

Für Fans echt kein schönes Leben,
die Spieler haben wohl aufgegeben

Doch jetzt, jetzt werd ich
richtig barsch:
Leckt mich doch alle
mal am Arsch!
Was ihr da spielt,
das ist nicht nett,
wegen euch werd ich
nicht dick und fett

Es ist so grausam, wie ihr spielt,
so dass man sich beschissen fühlt..

Ich hab mich
etwas abgekühlt,
war ja auch
total aufgewühlt

Diese Saison
geht total schief,
doch alles ist
ja relativ
Genau genommen
ist sie schaurig,
und sie macht mich
total traurig

St. Pauli liegt im Ring,
und ist jetzt schon KO,
wie bei Stephen King:
Ein Horror (oder so)

Mir fällt es echt schwer,
noch zu lachen,
was kann ich da denn
jetzt nur machen?

Dick, doof, hässlich,
bald in der 3. Liga,
sag, fühlt sich so
ein wahrer Sieger?

Geht der ganze Scheiß auch schief,
egal, ich *bleibe* positiv!!!!!!!!!!!!

Pauli-Feeling

Da steh ich nun,
ich armer Tor,
stell mir die
3. Liga vor,
fühl mich, als hätt ich
nen Tumor...

Da steh ich nun,
ich armer Tor,
verliere fast noch
meinen Humor,
weil Pauli wieder
mal verlor
Halbmast geflaggt
am Millerntor

Fußball, Liebe,
solche Sachen
rauben dir schon mal
das Lachen,
obwohl sie vieles
schöner machen

Da stehst du nun,
du armer Tor,
und kommst dir so
verloren vor...

Das Ganze ist
echt ganz schön bitter:
In deinem Kopf
war ein Gewitter

St. Pauli tat dich total stressen,
das Wichtigste hast du vergessen:

Es ist egal,
in welcher Liga,
bei Pauli bist du
immer Sieger!!!

Walk on with hope in your heart...

Die Ästheten sind entsetzt,
es wird ein wenig übersetzt:

Geh weiter, geh weiter
mit Hoffnung in deinem Herzen...
Steh aufrecht im Sturm,
so wie ein fester Turm,
und Niederlagen kannst du verschmerzen

Lass deinen Kopf nicht hängen,
stell dir was Schönes vor:
Etwas mit Fangesängen,
du bist am Millerntor,
denn da stehst du, du armer Tor
das hast du nun davon (-;
Dabei ist es so einfach: Walk on...

Platz 15

Nach unten geht der Zeiger -
Spielt so denn ein Absteiger?

In Aue ein Alptraum
ohne Erwachen,
die Fans haben leider
nichts mehr zu lachen,
denn es brannte überall
St. Pauli ist im freien Fall

Jetzt wird es wirklich
noch ganz eng,
bei Pauli da
droht der Big Bang,
weil es überall
jetzt brennt -
Gibt es noch
ein Happy End?

Sogar der HSV
(gewonnen)
hat mit dem
Abstiegskampf begonnen

Pauli, wo geht die Reise hin?
Unser Kicken macht keinen Sinn...

Gerade noch mal gutgegangen...

Noch immer bin
ich unbesiegt,
eben die Kurve
noch gekriegt
Bin doch nicht
in der Abstiegszone
Ich ess ja nicht
nur Toblerone

Die 8, die kann
noch immer stehen,
jetzt will ich weiter
bis zur 10
Und wenn ich 10 schaff,
dann auch 20
(Und nackt dann auf der
Straße tanz ich...)

Und jetzt mal positiv,
nicht weinen,
vielleicht schafft es
auch mein Verein
Wir müssten einfach
wieder siegen,
sonst werden wir
aus der Liga fliegen

Die Konsequenz wär:
abgestiegen...

Fußball-Alptraum

An einem Tag im Mai
war dann alles vorbei
Kein Sieg mehr,
höchstens Unentschieden,
der Abstiegskampf
wurde vermieden

Die Spieler wurden
nicht mehr wach,
und auf dem Platz
spielten sie schwach
Schafften nicht die
Relegation,
für die Fans
der reine Hohn

Dann war alles
schnell vorbei:
Der Abstieg kam,
in Liga 3

Bin aus dem
Alptraum aufgewacht,
was für ne Fußball-
Horrornacht,
mit Niederlagen,
Monstern, Drachen
Da hilft es nur noch, zu erwachen,
für Pauli-Spieler (für die schwachen...)

Der Sinn des Lebens

Mal suchst du ihn -
vergebens -
Den großen Sinn
des Lebens

Mal glaubst du,
ihn zu finden:
Auf einer Wiese,
unter Linden
Oder einfach
nur im Glück,
du bist da,
willst nie zurück

Der Sinn des Lebens -
Ist es vergebens?

Oft sagt man dir:
Dein Blick sei verstellt,
du suchst den Sinn
auf dem Fußballfeld
Und nach Niederlagen
fühlst du dich klein,
und kannst gar nicht mehr
fröhlich sein

Alles erscheint sinnlos,
denn du lebst im Moment
Und dann ist da nur der Fußball,
für den dein Herz brennt

Dein Verein mag für andre
noch so unbedeutend sein
Andre, denen er nicht gefällt
Doch der FC St. Pauli
ist für dich größer als die ganze Welt

Der Sinn des Lebens,
beschreibe ihn mit Worten:
Er liegt an so vielen Orten,
natürlich auch am Millerntor,
es kommt dir mal wie das Paradies,
und mal wie die Hölle vor

Aber du gehst wieder hin,
denn auch da siehst du den Sinn,
den Sinn des Lebens, ein kleines Stück,
und nicht nur das reine Glück

Melancholie gehört mit dazu,
du kommst bei St. Pauli eher selten zur Ruh'
Gewinnen und Verlieren gehört halt dazu
Verlieren ist mit Pauli ja öfter per du...

Nur St. Pauli – Eine Fan-Hymne

Sie ist mir gar nicht schnuppe:
Meine Gurkentruppe

Was sie gut kann,
das ist verlieren,
doch das tut echt
nicht interessieren

Liebe kannst du nicht erklären
Liebe, die ist einfach da,
und kann sich immer mehr vermehren
St. Pauli? - Das ist wunderbar

Der beste Club, den es wohl gibt
auf dieser weiten Welt
Den man nicht wegen Fußball liebt,
der einem auch so gefällt

Ohne Erfolge, ohne Titel,
ohne je was zu erreichen
Was Spieler hier nie tun müssen:
Im Pfeifkonzert vom Platz zu schleichen;
Es ist hier eher Kuschelzoo,
wir lieben doch St. Pauli so

Was ich als Fan eher selten kriege:
Gute Spiele und auch Siege,
aber das ist gar nicht schlimm,
denn nur St. Pauli ist der Sinn...

Ein Hoffnungsschimmer

Die Spieler, scheint es, haben begriffen:
Die Lage, sie ist wirklich ernst
Die Klippe ist nicht zu umschiffen,
wenn du nicht aus den Fehlern lernst

Heut war es schön, Zeitung zu lesen,
denn noch, noch ist es nicht zu spät
Der Pauli-Spieler, das „unbekannte Wesen",
den Ernst der Lage jetzt versteht

Stimmt schon: Saison ist nicht mehr lang,
doch jetzt ziehen alle an einem Strang
Die Spannung steigt aufs nächste Spiel;
ein wenig Hoffnung ist nicht zu viel

Meinetwegen spielt doch beschissen,
mit Rumpelfußball, all so'm Dreck,
Hauptsache ihr kämpft, gebt einfach alles,
und haut den nächsten Gegner weg

Ich will den Nicht-Abstieg begießen,
wie alle anderen Pauli-Fans,
also lernt endlich Toreschießen,
es geht um unsre Existenz

Und wir werden nicht absteigen,
wenn wir ab jetzt nicht mehr vergeigen!

Kämpfen bis der Arzt kommt

Das Leben ist nicht immer leicht,
nicht alles wird dabei erreicht

Mal krist du tierisch was an Latz,
genau wie auf dem Fußballplatz
Doch, wenn du nie resignierst,
ist es egal, ob du verlierst

Zum Aufrechtgehen bist du imstande -
Verlieren, das ist keine Schande
Genau so wenig, wie das Fallen,
so etwas, das passiert uns allen

Hast du alles gegeben, aber gar nichts gelang,
gehst du aufrecht in den Untergang
Dann stehst du auf, denn du bist groß
und es geht halt von vorne los

Dann steigst du eben ab,
und danach wieder auf,
aber du machst nicht schlapp
Mal bist du halt im Keller,
doch dann wird's wieder heller
und es geht wieder rauf

Glaube einfach an das Gute,
gib alles, bis zur letzten Minute
Man kann nicht mehr als alles geben,
Verlieren, das gehört zum Leben

Comeback (eines alten Gedichtes)

Heute

Heute -
das Einzige,
das zählt
Wo das Gestern
dich nicht quält

Die Zukunft,
sie ist noch nicht da,
Träume machst du
heute wahr...

In diesem Sinne...

14.04.2018 (Das ist heute)

Wir brauchen heute
nur zu siegen
Noch sind wir
nicht abgestiegen

Die Zukunft ist
noch unbekannt,
denn wir sind
im Wunderland....

St. Pauli : Union Berlin (0:1)
Aus und vorbei

Das zu schreiben
fällt mir schwer:
Ich habe keine
Hoffnung mehr

Die Fanseele ist schlapp (So nehme ich nicht ab)

Zum ersten Mal diese Saison
sind meine Schultern unten,
alle Hoffnung, aller Glaube
ist gen Null gesunken
Die Kicker bringen mich noch ins Grab,
jetzt bin ich sicher: Wir steigen ab!

Was einen total deprimiert,
wenn man wie heute noch verliert:
Endlich war da auch ein Team
mit Power, Kampf, Stabilität,
das war Punk, mit gutem Klang,
doch leider viel zu spät!

Pech: Heute konnten wir nicht siegen
Echt: Wir sind schon früher abgestiegen
Im Abstieg mit dem HSV vereint,
heute hätt ich fast geweint
Beim Abpfiff echt wie frisch gestorben,
das Wochenende ist verdorben

Das Abnehmen ist jetzt scheißegal
Und die Kack-Punkte können mich mal
Ich mach keinen Sport, ich geh nicht laufen,
ich werd mich heut sinnlos besaufen

Am Ende des Tunnels, da seh ich kein Licht,
und die Tabelle, die lügt ja nicht:
Morgen ist Platz 15 drin,
ich find's beschissen, wo ich bin
Wo ich bin, das ist ganz unten,
und was mal gut war, ist verschwundcn

Wenn dir St. Pauli das Leben versaut,
dann kannst du nicht aus deiner Haut
Manchmal, da fällt dir alles schwer,
ja, manchmal kannst du echt nicht mehr
Und auf der Arbeit läuft's auch beschissen,
das Glück will von dir nichts mehr wissen -
Und dann kommt *da* noch dein Verein -
Sollst du jetzt heulen oder schreien?

Es gab ein kleines Pfeifkonzert,
habt ihr verdient, das wart ihr wert
Das Pfeifen war für die Saison,
und das, das habt ihr jetzt davon

Ich liebe meinen Verein,
so wird es immer sein,
wir gewinnen zusammen
und wir verlieren zusammen,
aber die Fanseele, die steht in Flammen...

So leer

Ich fühle mich so leer,
und ich kann nicht mehr

Das Herz von St. Pauli, das ruft dich zurück,
denn dort an der Elbe, da wartet dein Glück

Mein Herz das zerbricht,
und das Stück für Stück

Ich liebe dich, ich träum von dir,
in meinen Träumen bist du Europacup-Sieger
Doch wenn ich aufwach, fällts mir wieder ein:
Du spielst ganz woanders, in Liga 3

Morgen werde ich aufstehen,
das Leben, das wird weitergehen
Ich werd St. Pauli nicht verstehen,
was ja nun nichts Neues ist,
St. Pauli spielt zurzeit nur Mist

Morgen ist Frühling,
draußen hör ich dann Spatzen
Ich hab dann nen Kater,
und mein Kopf ist am Platzen
Außer dem Fußball ist mir alles einerlei,
es beginnt die Planung für Liga 3

Ich bin ein Fan, schon immer gewesen,
fühl mich, als sei ich am Verwesen

Warum geht nur noch alles schief?
Warum seh ich's nicht positiv?
Warum nur, warum?
Das ist alles nur noch dumm!

OK, das Schlimmste:
Die Realität,
der Ort, wo wir leben,
von früh bis spät

Das zieht uns so runter:
St. Pauli, das Leben
Doch da wir beides lieben:
So ist es halt eben!

Dann steigen wir halt ab,
und dann steigen wir wieder auf,
mit allen Höhen und Tiefen
nimmt das Leben seinen Lauf
Stürzt uns der FC auch in Apathie,
die Liebe zu St. Pauli, die endet nie

Irgendwann morgen
geht die Sonne auf,
irgendwann morgen
bin ich besser drauf
Irgendwann morgen
ist das Leben wieder bunt,
aber ich leide wie ein Hund...

Fast abgestiegen und zugenommen?

Der FC St. Pauli
ist schuld, dass ich so bin...

Es wurmt mich
die Tabellenlage
Und heute meid ich sie:
Die Waage

St. Pauli hat
wieder gepatzt,
und mein Kopf
ist nicht geplatzt
Heut morgen bin ich
nicht am Schreien -
Fast Glück:
Für kleine Dinge dankbar sein...

Während mich Paulis
Spieler quälen,
werd ich jetzt wieder
Punkte zählen

Manchmal da ist alles traurig,
und gleichzeitig noch furchtbar schaurig:
Die Welt: Von Wahnsinnigen regiert
Der FC St. Pauli: Der verliert
Und ich, ich bin total frustriert...

Hoffnungs-Los

Die Enttäuschung,
die ist groß,
ich kaufe mir
ein Hoffnungs-Los

Die Lage macht
mich so betroffen,
so gerne würd ich
wieder hoffen
Und noch, noch ist ja
alles offen

Vier Spiele noch,
dann ist's vorbei,
mit Trauer
oder Jubelschrei
Dann ist's geschafft,
mit ein paar Siegen,
oder wir sind abgestiegen

Wird der Alptraum
wirklich wahr,
dann stehn wir alle
an der Bar,
und sind dann Jünger
des Absinths,
denn Hamburg ist
Fußball-Provinz

Platz 16...

Nun ist es also doch geschehen,
ich habe es ja kommen sehen:
Die Konkurrenz hat heut gewonnen,
der Weg ins Nichts, er hat begonnen

St. Pauli ist erschreckend schwach,
und da ist nichts, was Hoffnung macht
St. Paulis Absturz von der Leiter,
ich mache jetzt alleine weiter,
weil St. Pauli echt so spielt,
wie man mit 100 Kilo fühlt

Irgendwann, wenn nichts mehr geht,
erkennst du dann: Es ist zu spät
Immer sind die anderen Sieger,
du taumelst in die 3. Liga,
wie ein Boxer – kurz vorm KO -
mit Spielen wie ein Griff ins Klo

Ich weiß echt nicht: Bin ich jetzt sauer?
Oder ist da nur noch Trauer?
Die Hoffnung, die ist grad verreckt,
der Glaube ist jetzt auch noch weg
Ich möcht fast sagen: Geht doch nach Hause!
Wann ist endlich die Sommerpause?

Und die Wahrheit, die ist nackt:
Die Spieler haben es voll verkackt!

Von Spiel zu Spiel wurde es schlimmer,
und da ist kein Hoffnungsschimmer
Wer fast immer nur verliert
und seine Anhänger frustriert,
blutleer, harmlos, ohne Tore vergeigen,
der hat's verdient, auch abzusteigen

Und die Fans, die sind nicht schuldig,
obwohl eigentlich... zu geduldig
Jubelnd in den Untergang,
nie Pfeifkonzerte, nur Gesang
Das ist unsre Mentalität,
ist auch egal, is eh zu spät

Die Hells Bells haben wir vernommen
Die Quittung haben wir jetzt bekommen
für die ganzen schlechten Spiele,
das waren einfach viel zu viele
Alle lieben das Millerntor,
hier kommen oft Auswärtssiege vor

Mein Bauch, der wird jetzt nicht mehr runder,
ich hätt auch gern ein *Fußball*-Wunder
Ich werd weiter abnehmen, ich glaube an mich,
aber die Spieler, die tun so was nicht

Und hier jetzt die letzte Strophe:
Die Saison? - Ne Katastrophe!!!
Doch ich verlier nicht meinem Humor:
(Wegweiser: Scheiß-Fußball?
Gibt's am Millerntor...)

Nu is aber gut...

Ein paar Zeilen
muss ich noch verwenden,
der Dicht-Tag
soll nicht beschissen enden

Wenn um dich alles dunkel ist,
die Sonne in dir du vermisst,
dann kann es so nicht weitergehen,
dann ist es Zeit, mal aufzustehen

Auch wenn es scheiße ist,
wenn einen das Pech nur küsst:
Im Sommer gehen wir nicht ins Grab,
im Sommer steigen wir nur ab
Das werden wir aufrecht überstehen,
das Leben muss ja weitergehen

Die Perspektiven sind verschoben,
doch der Kopf, der Kopf bleibt oben
Ich werd mich heute *nicht* besaufen,
das Leben geht weiter, ich geh gleich laufen
(Und keine Konsonanten kaufen...)

Ist keine Schande, hinzufallen,
doch liegenbleiben schon (und lallen... (-;)

Bestandsaufnahme

Für'n HSV war's das wohl schon -
Acht Punkte Rückstand zur Relegation -
Da wo jetzt auch St. Pauli steht,
eigentlich ist es nicht zu spät

Mein Gefühl ist negativ,
und ich fürchte, es geht schief
Aber es wär so wunderschön,
würd Pauli nicht auch untergehn

Heute hab ich mich viel bewegt,
und habe ganz schön vorgelegt,
das müsste Pauli nur nachmachen,
dann können wir beide wieder lachen

Der längste Lauf seit einem Jahr,
der fürchterlich anstrengend war,
ich hatte eigentlich kaum noch Kraft,
aber ich habe es geschafft

Danach war ich total KO,
aber trotzdem war ich froh:
Es war anstrengend, es war nicht seicht,
aber das Ziel wurde erreicht

Wenn Pauli das genauso macht,
haben wir's am Ende doch geschafft...

Die Hoffnung ist wieder da...

Man geht immer
Schritt für Schritt,
und macht im Leben
vieles mit
Und oft, da steht
viel auf dem Spiel,
wenn zu viel schiefläuft,
wird's einem zu viel

Bist du noch
für die Zukunft offen,
dann kannst du auch
ein wenig hoffen
Jeder Tag bringt neues Glück:
Deshalb: Die Hoffnung ist zurück

Wichtig ist in deinem Leben,
wenn's mal nicht läuft, alles zu geben
nicht blind gegen das Pech anrennen,
du musst auch mal verlieren können
Mal siehst du nichts vor lauter Dunst,
auch Verlieren ist eine Kunst

Keiner kann das so gut wie wir,
wenn es nicht läuft, verlieren wir,
aber das Schicksal ist neu gesetzt,
unsere Hoffnung, die stirbt zuletzt!!!!!!

Wir werden es schaffen!

Bin wieder in der Spur,
mit Optimismus pur
Gestern hab ich's geschafft,
mit jeder Menge Kraft:
Veränderungen in Schweiß zu taufen,
über Erschöpfung hinauszulaufen
Seit 2014 der längste Lauf,
St. Pauli und ich, wir geben nicht auf

Der Fußball ist ein Dramaturg,
morgen, da geht's nach Regensburg
Noch ist für uns alles drin,
weshalb ich optimistisch bin
4 Endspiele stehen vor eurer Brust,
ich hoff, ihr habt auf Fußball Lust
Gebt morgen alles und noch mehr,
dann haben es die Fans nicht schwer

Ihr müsst nur einfach an euch glauben,
in Regensburg 3 Punkte rauben,
und dann entspannt nach Hause fahren,
das wär echt schön und abgefahren
Jetzt 4 Mal noch nicht vergeigen,
dann schaffen wir's, nicht abzusteigen

21.04.2018

Zwei Sorgenkinder

Vielleicht bin ich
ja glücklich morgen,
aber noch mach ich
mir Sorgen
Es ist echt eng,
der Abstieg nah,
was wird es für ein
Pauli-Jahr?

Und auch ich
mach nicht die Welle
Auch ich hab ne
Dauerbaustelle:
3 Monate schon
nicht im Tor -
kommt wie ne
Ewigkeit mir vor

Seelisch war alles OK
(bis auf das Leiden mit dem FC)
Aber der Arm ist wieder hin,
weshalb ich in der Reha bin

Mit Schmerzmitteln (ohne Ende)
schaffe ich vielleicht die Wende
Ich war an den Schmerz gewöhnt,
und hatte nicht mal aufgestöhnt,

244

keine Nacht mehr ohne Schmerzen,
eigentlich kein Grund zum Scherzen

Und eigentlich, wo ich jetzt steh,
der gleiche Platz wie beim FC:
Der Abgrund ist nicht weit entfernt,
und habe ich dazugelernt?
In Zeitlupe geht es voran,
gut, dass ich wieder schlafen kann,
ohne vom Schmerz aufzuwachen,
das ist doch mal ein Grund zum Lachen

Vielleicht bald nur noch ein Problem,
und das ist eigentlich fast zum Schämen:
Freitags kann ich meist nicht mehr,
und der Akku, der ist leer...
Aber Fußball ist auch Glück,
und ich will in mein Tor zurück,
schon wieder viel zu lange weg,
das nächste Spiel heißt wohl *Comeback*

Morgens noch war die Zukunft offen,
und jetzt, da ist sie es nicht mehr:
Die Entscheidung ist getroffen,
ich will zurück, und das *so* sehr

Seit Januar, ne lange Zeit,
ich spür leichte Betroffenheit
Stets fehlte was zu meinem Glück,
deshalb will ich ins Tor zurück

Regensburg : St. Pauli (3:1)
Im freien Fall

Halbzeitanalyse:
Drei individuelle Fehler -
Kosten sie wieder alle Zähler?
Zwei Torgeschenke, ein Mal rot.
Wir sind vom Untergang bedroht

Aus unsrer Sicht ein 0:2,
und ich bin leider live dabei
Die 2. Halbzeit nur zu zehnt
(ich hab mich so nach Glück gesehnt...)

Der Witz dabei: Wir spielten gut,
was leider wohl nichts nützen tut
Murphys Law hat uns im Griff,
und langsam sinkt nun unser Schiff

Und nun die 48. Minute,
für Pauli leider keine gute
Das fühlt sich so an wie Game Over
für den Totenkopf-Pullover

Schon wieder so ein dummer Fehler,
und es steht sogar 0:3
Als Bewerber um den Abstieg
ist Pauli vorne mit dabei
Was trifft die Herzen der Pauli-Fans?
Die total miese Tordifferenz

Minus 16 Tore, die von der Rettung entfernen
Minus 16 Kilo, das hätt ich wirklich gern

Die 63. Minute: Inzwischen 1:3,
wir sind in der Verlosung immer noch dabei
Komisch, das Spiel macht richtig Spaß,
ich weiß, wir beißen nicht ins Gras

Ein klasse Spiel mit Kampf und Feuer,
spielen wir so weiter, wird's nicht teuer
Noch ist die Hoffnung nicht verbrannt,
wir haben alles in der Hand:
3 Spiele noch, die vor uns stehen,
erst danach werden wir weitersehen

Das Gedicht geht noch weiter,
jetzt mit nix zu erfreuen:
Die 75. Minute,
und wir sind nur noch 9

2 Stürmer sahen heute rot,
ist das nun Scheiße oder Kot?
Trotzdem, von uns ein Spitzenspiel!
Doch das Fanherz, es blutet, es blutet sehr viel

Aber die Liebe zu meinem FC,
die klettert noch mehr in die Höh
Alles versucht und alles gegeben -
Man kann auch als Verlierer leben,
wenn man wirklich alles gibt,
und einen der Fußballgott nicht liebt

Heute schieb ich keinen Frust,
denn abgerechnet wird zum Schluss
Heut schlugen wir uns selbst KO,
manchmal läuft es leider so

Verzweiflung können wir uns sparen,
noch ist der Zug nicht abgefahren
Heute blutet mein Herz,
und das tut echt weh,
aber ich glaube
an meinen FC!!!!!!!!!!!!!!

22.04.2018

St. Pauli-Sonntag

Die Sonne scheint,
St. Pauli weint
Gestern ist es dumm gelaufen,
aber kein Grund, sich zu besaufen
Noch ist ja wirklich alles drin,
und irgendwie kriegen wir das hin

Ich verreis nicht in den Harz,
und trage auch nicht nur noch schwarz
Zwei Heimspiele kommen jetzt am Stück,
und vielleicht haben wir ja Glück
Denn wenn wir kämpfen, alles geben,
werden wir auch überleben
Wenn wir mal siegen statt vergeigen,
dann werden wir auch nicht absteigen

Das Ende ist offen...

Heute mal Sonne pur genießen,
dies Buch werd ich wohl morgen abschließen,
das heißt, dann ist das Ende offen,
ich werde bis zum Ende hoffen

Ich glaube, dass der Korken knallt,
wenn er noch kommt: Klassenerhalt
Mehr ist für uns nicht mehr drin,
alles andre nehm ich hin
Ich will nur die Klasse halten,
und dann endlich mal abschalten

Dieses Buch wird ein Geschenk,
in dem ich viel an Fußball denk
Am 12. Mai ist es so weit,
und da bleibt nicht mehr so viel Zeit *
Ich darf hier nicht so lang verweilen,
und ich muss mich jetzt echt beeilen

Und einen Tag später, am 13. Mai,
da ist dann die Saison vorbei
Und Pauli ist nicht abgestiegen,
ich glaube es: Wir werden siegen!
Egal, wo wir am Ende stehn,
die Welt wird dann nicht untergehn
St. Pauli wird es immer geben,
auch deshalb ist es schön: Das Leben

* Zur Erklärung: Die erste Version dieses Buches war ein
Geschenk für meinen Vater, der am 12. Mai Geburtstag hat.

Zwischenetappe

Paulis Saison ist fast vorbei,
meine läuft noch lange
St. Pauli hat im Sommer frei,
und mir ist gar nicht bange

3 Wochen (+ Relegation?),
dann kommt für die Saison der Lohn
Bei mir geht's bis November weiter,
ich bleib am Ball, und bleibe heiter

Das klappt schon noch mit meinem Bauch,
und St. Pauli schafft das auch
Doch bitter ist, was man oft ahnt:
Es läuft fast nie so wie geplant

Die Saison ist scheißegal,
wenn sie vorbei ist, allemal
Hauptsache ist, wir bleiben drin,
und alles andere kriegen wir hin

Vieles habe ich geschafft,
das kostete ne Menge Kraft
Es ging nicht so schnell, wie gedacht,
doch hat mich weit nach vorn gebracht

Wird man erst mal 8 Kilo los,
dann ist die Freude riesengroß!

So lala und wunderbar

Das Leben ist grad ein Genuss,
und jetzt komme ich zum Schluss,
weil das Buch fertig werden muss,
wenns zu spät wird, wär's ein Verdruss

Und ein wenig ist es hier
auch wie bei Pauli und bei mir:
Ein lachendes und ein weinendes Auge,
was ich nicht aus den Fingern sauge:
Emotional schlägt das echt Wellen,
ich muss eine Entscheidung fällen

2 Wochen mit viel Schmerztabletten,
doch die konnten gar nichts retten
Die Schmerzen sind wieder voll da,
das find ich gar nicht wunderbar
Verletzungen hatt ich in Massen,
ich werd's wohl mit dem Fußball lassen
Obwohl ich wohl als Torwart tauge,
das war jetzt das weinende Auge

Das andere Auge ist am Lachen,
mit WW werd ich weitermachen
Ich hab die Schallmauer durchbrochen -
Kaum was geändert seit 7 Wochen -
Doch endlich: Jetzt ist es so weit
mit einer geilen Abnehmzeit
Und ich klopfe jetzt auf Holz,
ich freue mich und ich bin stolz

Minus 9 ½ waren's auf der Waage,
das ist echt kein Grund zur Klage,
und während ich all das hier sage
hoff ich, dass ich den Rest mit Fassung trage...

Doch vom Gefühl ist's nicht zu viel,
ich freu mich über jedes Spiel,
dass ich im Torraum stehen konnte,
und mich, wenn's gut lief, auch mal sonnte,
das war ne wunderschöne Zeit,
sie sorgte oft für Heiterkeit

Ich durfte einen Traum erleben,
und der tat gar nicht so viel kosten,
als Keeper kann man viel erleben,
vorm Tor und auch zwischen den Pfosten

Vielleicht ist auch dies Ende offen,
eines kann man immer: Hoffen,
da wärn wir wieder beim FC,
wo ich noch eine Chance seh,
denn, wer auch gutes Leben kennt,
weiß: Oft gibt es ein Happy End

Und auf dem Platz, dem Fußballfeld,
dem schönsten Ort fast auf der Welt,
da war ne ganze Menge Glück,
und ich denk gern daran zurück

Die ganze Zeit möcht ich nicht missen,
denn das wär ja auch echt beschissen (-;

Bitte, Bitte
(Im Original von *Die Ärzte*)

Bitte, bitte lass mich, hoo
Bitte, bitte lass mich, hoo
Bitte, bitte lass mich, hoo
Lass mich dein Sklave sein

Ach nee, das war ja von den Ärzten

Bitte, bitte strengt euch an,
weil ich es nicht ertragen kann,
zu Hause fast nur zu vergeigen,
und dann deshalb abzusteigen

Und meinetwegen, spielt beschissen,
von Spielkultur will ich nichts wissen,
spielt nicht so wie ein Dorfverein,
und haut mal massig Tore rein -
Bitte auf des Gegners Seite,
sonst gibt es wieder eine Pleite

Die Ärzte sind nicht so erbaut,
3 Zeilen werden vom Text geklaut:

Bitte, bitte lasst mich, hoo
Bitte, bitte lasst mich, hoo
Bitte, bitte lasst mich, hoo
Lasst mich heut glücklich sein...

St. Pauli : Greuther Fürth (3:0)
Drama, Baby!

Ich weiß nicht, was ich schreiben soll
Das war heute richtig toll
Mein Bitten wurde echt erhört,
was mich so überhaupt nicht stört

Das beste Spiel dieser Saison,
da träum ich lange noch davon
2 Spiele noch bis Paradies
(war die Saison auch noch so mies)
Zwar die Saison total verpennt,
aber ich glaub ans Happy End

Anfang Dezember war der Start,
und es war echt hammerhart,
mit den Zielen leicht verhoben,
wurd das Saisonziel dann verschoben:

St. Pauli kann noch alles retten,
ich werd mich an die Hoffnung ketten
2 Siege noch, dann ist's geschafft,
wir packen das aus eigener Kraft

Wenn's geschafft ist, dann verschnaufen
und dazu Champagner saufen
Und ich, ich steh fast voll im Saft,
minus 10 Kilo sind geschafft
Mein Auge tränt, mit etwas Wehmut,
ich knie mich hin, bin voller Demut!

Schönes Wochenende!

Pauli und ich – Mehr geht doch nicht!
5 Monate knapp stehen wir zusammen
Mit Höhen und Tiefen, doch wir geben nicht auf
5 Monate, die es in sich hatten,
genau wie der Saisonverlauf

Heut in 2 Wochen, das Ende der Saison,
das Leben ist ein Marathon,
nächstes Jahr wieder 2. Liga
(ich hoffe es so,
ich wäre so froh!)
Da ist dann nur St. Pauli Sieger

Wenn wir es noch schaffen, das Glück wär total,
und die Saison einfach scheißegal
Ein Nichtabstieg wär echt weltklasse,
genau wie 10 Kilo verlieren an Masse

Wir gehen dann in die Sommerpause,
gehen alle glückselig nach Hause
Ich werd mich dann noch weiterquälen
und fleißig meine Punkte zählen

Pauli und ich, wir sind keine Spinner,
letztendlich sind wir doch Gewinner,
in einem Jahr Aufstieg, ich lauf Marathon,
da träumen wir jetzt beide von...

Mai 2018

Es zeichnet sich ein Finale ab, dass an Dramatik kaum zu überbieten ist. Nur noch 2 Spiele liegen vor dem FC St. Pauli, der sich nicht mehr auf einem Abstiegsplatz befindet, aber in der Tabelle stehen alle so eng zusammen, dass ab Platz 8 noch alle Vereine absteigen können. Und St. Pauli ist auf Platz 13.

Bei mir ist alles ein bisschen ruhiger geworden: Ich habe die Torwarthandschuhe endgültig an den Nagel gehängt und laufe wieder regelmäßig. In einem Jahr ist wieder Hamburg-Marathon..

Beim Abnehmen habe ich mir vorgenommen, alles in *meinem* Tempo zu machen, selbst, wenn es dadurch viel länger dauern sollte. Der Weg ist das Ziel...

02.05.2018

Von 100 auf 0 in einer Sekunde

Verschwende nicht mehr deine Zeit,
du weißt nicht, wie viel dir noch bleibt
Die Arbeit ist nicht alles,
und das Gewicht? Das ist egal!
Wenn du nicht mehr am Ball bist,
und es vorbei ist, allemal

Heut ist echt einer dieser Tage,
an dem ich über nichts mehr klage
Heute nehm ich alles hin,
weil ich noch am Leben bin

Morgens geh ich aus dem Haus,
und denk, ich mach das Beste draus,
nur das Beste aus dem Tag,
und dann, dann kommt der Schicksalsschlag

Frühmorgens auf der Reeperbahn,
mit dem Rad zur Arbeit fahren,
und aus dem Nichts ein LKW,
viel zu schnell, gefährlich knapp
Er rast viel zu weit nach rechts,
und schneidet mir den Weg noch ab

Mein Arm, er war ja schon kaputt,
der LKW rammt da voll rein,
der Fahrer, er macht Fahrerflucht,
ich kann vor Schmerzen noch so schreien

Das alles, das war heute Morgen,
Klassenerhalt? Macht keine Sorgen,
genauso wenig mein Gewicht,
und auch alles andere nicht

Noch stundenlang wie unter Schock,
das hat heut echt nicht so gerockt
Ich hab heut Riesenglück gehabt,
denn das war so beschissen knapp!!!

Das Gedicht passt hier nicht rein,
ich fühl mich gerade so allein
Vielleicht ist da ein großer Sinn,
weshalb ich noch im Diesseits bin
Und sei es nur (jetzt ist genug!),
dass fertig wird hier dieses Buch...

Ich falle jetzt nicht in ein Loch,
denn mich gibt es ja immer noch
Der Arm zerdeppert, kein Tumor,
und immer noch hab ich Humor
Vielleicht das mieseste Gedicht,
und ist das wichtig? Glaub ich nicht!

Liebe Leser,
tut mir vergeben:
Ich bin nur froh,
ich bin am Leben
Heute ist fast
gar nichts wichtig,
bin melancholisch,
und das so richtig

Der Schock, der war vielleicht ganz gut,
weil so was manchmal helfen tut
Ich leb jetzt weiter für die Ziele,
es sind ja gar nicht so sehr viele:
Weltfrieden, schlank sein, Marathon,
St. Pauli spielt ne Top-Saison,
und wenn's geht, noch lange leben,
mehr Ziele muss es gar nicht geben!

Ein neuer Tag

Ein neuer Tag im Sonnenschein -
So schön kann das Leben sein
Gestern ging alles so sehr schnell,
die Reeperbahn – Highway to Hell?
Der Weg nach unten oder oben? -
Hells Bells für mich wurden verschoben

Das letzte Heimspiel der Saison,
mit Hells Bells im Stadion,
das wird in zwei Tagen sein,
dann könnten wir gerettet sein
Abstiegsgespenst, finstre Gestalt,
verlässt uns für Klassenerhalt

6 Punkte sind sogar noch drin,
die nehmen wir für uns gerne hin
Der Dichter, der hat einen Spleen,
denn jetzt kommt die Hommage (an Queen)

Vielleicht wird uns
ein Sieg gelingen,
und dann können wir
das hier singen:

(Nach *We are the champions*)

Wir haben gewonnen...

Wir haben gewonnen, mein Freund
Willst du ein Astra oder n Joint?
Wir haben gewonnen,
dem Unglück entronnen
Ich sag dir: Ich drück dich,
denn ich bin heut glücklich
Jetzt ohne Beschwerden,
besser kann's nicht werden...

Wir haben gewonnen, mein Freund
Willst du ein Astra oder n Joint?
Wir sind die Besten,
(wenn auch sehr Gestressten...)
Im Süden, im Norden, im Osten, im Westen,
da sind wir die Größten,
da sind wir die Besten
von der Welt...

Wir sind die Champions der Welt,
und auch, wenn alles zusammenfällt
Nur zwei Mal noch siegen
und nicht abgestiegen,
den Sommer nur feiern,
und nicht so oft reiern,
sich einfach nur freuen,
ich würds nicht bereuen...
... von der Welt ...

St. Pauli : Bielefeld (1:0)
Die Rettung

Sehen wir uns nicht in dieser Welt,
dann sehen wir uns in Bielefeld
(Champagner ist schon kaltgestellt)

Es ist ja nicht so, dass ich jammer,
doch diese Woche war der Hammer...
Mittwoch ein Crash mit LKW
(der Arm tut auch noch immer weh)
Donnerstag zur Polizei,
Fahndung läuft, Täter ist frei
Freitag Torwart-Abschied (goodbye),
ich könnte echt heulen, mit Kicken is vorbei
Und Sonntag dann den Abstieg vermieden,
durch einen Sieg und kein Unentschieden

Mich regiert Melancholie,
wie geht es weiter? Ich weiß nicht wie!
Doch die Saison, die ist gerettet,
und darauf hätt ich nicht gewettet

Mit mir wird's auch bald wieder gut,
nach jeder Ebbe kommt die Flut
Das Wichtigste: Ich bin am Leben,
kann es denn etwas Schönres geben?
Und ich bin ein St. Pauli-Fan,
das ist ein bisschen so wie Zen...

Duisburg : St. Pauli (2:0)
Saisonfinale

Das wird nix mit der Meisterschale,
und heute ist Saisonfinale
Das war wohl heut kein Kräftemessen,
eine Saison echt zum Vergessen

Die Saison ist abgehakt,
nächste Saison, da sind wir stark
Der 12. Platz, so gerade eben,
damit können wir wohl leben

Ein Glück: Uns hat es nicht zerrissen,
denn das wär absolut beschissen
Und jetzt in Bundesliga 2,
ist der Ex-Saurier auch dabei,
er startete zu spät mit Siegen,
der HSV ist abgestiegen

Der Fußballgott rennt nicht davon,
was war das für ne Scheiß-Saison?
Ich habe sie oft nicht verstanden,
die Torchancen waren ja vorhanden
Aber egal, jetzt ist's vorbei,
St. Pauli bleibt in Liga 2

An die Spieler eine Bitte
von einem Fan aus eurer Mitte:
Saisonende *könnt* ihr begießen,
doch lernt mal schnell das Tore-Schießen!!!

Im letzten Jahr, es war noch Winter,
ich steh noch immer voll dahinter,
begann die gemeinsame Reise,
die war ab und zu voll scheise
St. Pauli spielte unten mit,
das war nicht so sehr der Hit
Ich hab 10 Kilo dabei verloren,
und ganz viel Nerven, und hab gefroren

Die Reise geht alleine weiter,
ich sach mal Tschüß, und bleibe heiter
Die Reise hat mir Spaß gemacht,
is wahr: Ich habe oft gelacht

Ich mach bei mir auch keine Welle,
ich hab ne eigene Tabelle:
Weight Watchers sind auch weiter da,
ich hoffe, ich komm damit klar
10 Kilo noch, das ist mein Ziel,
und ich weiß, das ist echt viel

Fan-Gedanken:
Es geht uns zwar echt an die Nieren ,
doch, was wir können, ist verlieren
Ich hoff, das klappt auch beim Gewicht,
und stören würde mich das nicht

Die Rückrunde? - Echt abgefahren,
OK, ich nehm kein Baldrian,
aber einfach war das nicht,
nicht so wie bei meinem Gewicht

Die Sommerpause, ach wie schön!
Mal ganz viel gute Spiele sehen,
ich trag weiter Pauli-Sachen,
und ich kann auch wieder lachen,
denn wir sind nicht abgestiegen,
die Rettung kam mit zwei Heimsiegen

Doch jetzt ist Schluss mit Dicht-Parolen,
ich muss mich endlich mal erholen,
hab viel gedichtet wie noch nie,
von Freude bis zu Apathie
Und ich liebe meinen FC,
deshalb tat das oft tierisch weh

Und ich bin sicher, im August
hab ich auf 2. Liga Lust
Und die Begeisterung ist groß,
bei 0 geht es von vorne los

2 Siege gegen den HSV,
da wird der Alltag nie mehr grau,
am besten noch paar Siege mehr,
denn Abstiegskampf ist immer schwer

Wir kommen wie Phönix aus der Asche
und stecken *alle* in die Tasche!!!!!!!!

Glückliches Nachwort

Die Abstiegsangst,
sie ist jetzt fort,
und es ist glücklich,
das Nachwort

Man reiche mir
ein Megaphon:
**Das ist die Nicht-
Abstiegs-Version**

Und im April
wurd ich fast still,
und verlor auch mal
meinen Glauben

Es sind die
wirklich üblen Spiele,
die einem die
Nerven rauben

Das *erste* Nachwort
war echt gut,
weshalb es nicht
verschwinden tut

Drum, liebe Leser,
nicht wegsprinten,
es steht noch etwas
ganz ganz hinten...

Inhaltsverzeichnis ☠

Dezember 2017

Januar 2018

März 2018

April 2018

Ein kurzes (veraltetes) Nachwort (ohne Reim)

Das Ende ist offen. Und während ich hier am PC sitze und schreibe, am Sonntag, dem 22. April des Jahres 2018 kurz vor 9 Uhr, und während dabei draußen die Sonne scheint, ist noch gar nichts entschieden.

St. Pauli kann die Saison noch retten, und ich bin mir sicher, dass St. Pauli, also die Spieler *und* die Fans aufrecht, mit erhobenem Kopf (aus *You'll never walk alone: Keep your head up high!*) die Saison beenden werden.

Und zum Schluss werden wir alle feiern!!!

Man beachte bitte noch die übernächste Seite...

Vielleicht...

Vielleicht ist es zum Schluss zu spät,
weil bei St. Pauli nichts mehr geht

Vielleicht ist es zum Schluss zu knapp,
und wir steigen doch noch ab

Vielleicht....

Das wäre fatal, aber egal,
denn wir tragen unser Joch:
Das Herz von St. Pauli schlägt immer noch
Unser Herz, das bleibt nicht stehen,
egal, wo wir am Ende stehen

Und egal, in welcher Liga,
St. Pauli bleibt doch *immer* Sieger,
egal, wie es am Ende steht,
weil so was nur bei Pauli geht...

Angaben zum Autor

Stephan de Vogel, 52 Jahre alt. Ich lebe und arbeite in Hamburg.

Seit mehr als 30 Jahren bin ich Fan des FC St. Pauli und gehe zu den Heimspielen am Millerntor. Seit 13 Jahren habe ich eine Lebens-lange Dauerkarte beim FC. Die zu bekommen, war fast so schön wie ein Sechser Im Lotto.

Seit drei Jahrzehnten schreibe ich Fußball-Gedichte, speziell über den besten Verein des Universums..

Außerdem bin ich Mitglied im heiligen FCSP, in der Marathon-Abteilung. Seit 5 Jahren bin ich kickender Abteilungstorwart der Marathonis.

In meiner Freizeit spiele ich gern als Torwart in Amateur-Mannschaften, wenn mich nicht gerade wieder eine Verletzung zum Pausieren zwingt.

Im Millerntor-Stadion halte ich mich vorzugs-weise in der Gegengerade auf, und ich versuche, die Spiele des FC St. Pauli von da aus zu genießen (was mir leider nicht immer gelingt...)